應仁之亂

催生日本戰國時代的大亂

吳座勇一·著
GOZA YUICHI

応仁の乱
戦国時代を生んだ大乱

前言

恐怕沒有人不知道應仁之亂吧。連小學社會教科書裡也會提到的應仁之亂，是日本歷史上最知名的戰亂之一。

但是，如果被問到應仁之亂是一場什麼樣的戰亂，恐怕很多人都答不上來。也許有人記得「人世虛空，應仁之亂」[1]這個雙關語；又或許有人能說出「東軍主帥叫細川勝元，西軍主帥叫山名宗全」。但除此之外，就很難多說什麼。最終，多半以「這場戰亂導致室町幕府走向衰亡，戰國時代開始了」這種固定句式收尾。

關心它的人也不多。一九九四年ＮＨＫ播放以應仁之亂為題材的大河劇《花之亂》（花の乱），結果成了歷代大河劇中收視率最低的一部（順帶一提，這項最低紀錄在二〇一二年被《平清盛》打破）。這部電視劇本身不差，但收視率實在過於悲慘。

想理解應仁之亂最困難之處在於，人們不明白為什麼戰亂會爆發，也不知道最終究竟是誰獲得了勝利。應仁之亂是從應仁元年（一四六七）到文明九年（一四七七）持續共十一年的大亂。一般對此的敘述是：室町幕府八代將軍足利義政無子嗣，於是以其弟足利義視為繼承人，但隨後足利義政之妻日野富子生下一男（後來的足利義尚），日野富子欲讓自己的兒子繼承將軍之位，正好那時候細川勝元與山名宗全兩

1 人世虛空（人の世むなし）與應仁之亂的年分「一四六七」諧音。

雄爲爭奪幕府的實權，介入將軍家的內鬥，於是應仁之亂就爆發了。然而，對這種說法已有很多批判，有人指出了應仁之亂爆發的其他原因。

應仁之亂爆發之初，戰場僅限於京都，最終卻波及地方，全國各地都發生了戰鬥。在這樣大規模且長期的戰亂中，竟不清楚大名們究竟爲何而戰，實在不可思議。戰爭過程既無戲劇性，又不華麗，唯有徒勞無功與不合邏輯。應仁之亂這些難以理解之處，進而讓它更不具人氣。

原因不詳、結果不明的應仁之亂，對後世卻影響巨大。大正十年（一九二一），東洋史學者內藤湖南[2]在演講《關於應仁之亂》（応仁の乱に就て）中如此說道：

> 若為了瞭解今日之日本而研究日本歷史，則研究古代歷史毫無必要。知道應仁之亂以後的歷史就足夠了。之前的歷史幾乎與外國歷史無異，但應仁之亂以後的歷史是我們身體血肉直接能接觸到的歷史，若能真正瞭解它，對日本歷史的所知就足夠了。

只有應仁之亂之後的歷史與現在的日本相關，之前的歷史則如同外國史——這段過於激烈的發言十分有名，可能有些讀者早已聽過。在此之前的史書雖然也關注應仁之亂，但關注程度不外乎稱其爲「一場大亂」而已，對譬如源平合戰、承久之亂等戰亂則更爲重視。應仁之亂是日本歷史上最大的事件——內藤湖南這如同棒喝般的史論，是非常有獨創性的。

2 亞洲史學者，中國史學者。日本的大學史學科一般將日本史之外的歷史分為東洋史和西洋史。

為什麼內藤湖南認為應仁之亂與其他戰亂相比，具有特別的意義呢？這是因為他認為，應仁之亂徹底打破了舊體制，揭開了新時代的序幕。

內藤湖南說：「正因為足利時代是個完全沒有天才的時代，所以應仁以後的百年中爭鬥不止，戰事不休。」然而內藤與之前的史家不同，並不慨歎英雄不再、戰亂頻發。恰恰相反，在他看來，正因為如此，這才成為一個「最下層者打破既有舊秩序」的下剋上盛行的時代。

內藤湖南認為，戰國時代與亂世因應仁之亂到來，對平民而言，反倒是出人頭地的機會，是件可喜可賀之事。對出生在和平時期日本的我們來說，這實在是危險的主張。

這種對應仁之亂的顛覆性評價，在期望庶民革命的戰後左派史學中也得以一窺。永原慶二在中央公論社《下剋上的時代》（一九六五年初版）中指出：「應仁之亂的大將細川勝元和山名宗全都不是稱得上英雄的華麗人物……在一般意義上的政治家、武將之中，沒有一個是稱得上英雄的成功者。」「但如果稍微變換視角，這樣一個可以說有無數無名的庶民英雄活躍著的時代，是絕無僅有的。」於是，透過發掘這些時代的無名英雄，他熱情地寫道：「『歷史是由民眾創造的』這句既古又新的格言，可以從史實中真切地感受到。」

二十世紀七〇年代以降，日本史學界開始對過去以左派理論為指導的社會構成史研究提出疑問。人們指出借用西洋理論分析日本史所出現的問題，永原的研究也成了被批判的目標。然而，內藤湖南提出的「應仁之亂是時代轉捩點」的觀點得到了繼承。不僅如此，內藤的言論甚至被作爲引用的材料，以批判左派歷史學。

勝俁鎭夫在氏著《戰國法成立史論》（一九七九年初版）的序言中提及內藤湖南的演講，對其表示支持：「內藤湖南所述應仁之亂以前具有悠久歷史的日本，是個與近代日本無關的異質社會、應當捨棄。以近代日本歷史學的常識來說，他的見解近乎謬論，但就我而言，當我站在從現實生活的感覺來把握歷史這一立場上時，不得不說我能夠充分理解並深有同感。」此外，勝俁鎭夫在一九九四年的論文《十五至十六世紀的日本》中也引用了內藤的演講，將應仁之亂後的一百年稱爲「舊體制崩壞、近代萌芽的時代」。

勝俁的學說從內藤的演講中獲得了啓發，大膽地將日本歷史一分爲二，這就與左派歷史學發展階段論分段進步的理論不同了。但另一方面，勝俁鎭夫評價戰國時代是「在日本歷史上，民衆首次作爲推動歷史的主體力量、登上歷史舞臺的時代」，這一理解與戰後歷史學的戰國時代觀區別不大。「以應仁之亂爲契機，民衆……」這一句式確實頗受歡迎。

但近來的研究，朝著反對賦予應仁之亂太多意義的方向前進。尤其是對應仁之亂「前」與「後」的政治局勢進一步研究後，就看不到「以應仁之亂爲界，日本驟然劇變」這種主張了。

首先，透過對應仁之亂「前」，也就是應仁之亂之前政治狀況的研究，學者發現，嘉吉元年（一四四一）嘉吉之變（六代將軍足利義教被暗殺的事件）後，幕府的混亂統治持續了二十餘年。此前足利義政被形容爲愚蠢的將軍，又或者說足利義政之妻日野富子插手政治，總之是將應仁之亂歸咎於當權者的個人素質。然而，由於嘉吉之變後的政治局勢得以明確，應仁之亂被評價爲累積二十年的矛盾總清算，對應仁之亂本身的關心程度相對降低。

應仁之亂「後」亦然。過去的研究認爲，應仁之亂後，室町幕府喪失領導能力，淪落爲有名無實的存在。但隨著近年來研究的發展，史學家們認爲應仁之亂結束後，幕府重建自身統治的工作有所進展。幕府權威徹底喪失是在明應二年（一四九三）的明應政變後，這是研究此一時期的學者們一致認可的結論。如果讓他們表示意見，則明應政變才是戰國時代的開始。

的確，若關注幕府政治的變化，相較於應仁之亂，明應政變可能更具有劃時代的意義。近年來的研究否定了將軍家內鬥導致應仁之亂爆發此一傳統觀點，而是逼近幕府內部眞正的對立模式。這樣的觀點對政治史研究來說，具有非凡的價值。

然而，當不限於室町幕府、而從對全日本社會整體的影響來考慮時，與明應政變相比，應仁之亂的意義無疑更爲重大。此外，應仁之亂卽便不是開端，但它確實持續了很長一段時間，這一點就有獨特的意義。卽便是第一次世界大戰，若只打了三個月就結束，它是否會在一百年後的今天仍被人們熱烈討論，就相當值得懷疑了。

因此，不僅是應仁之亂的「入口」和「出口」，對其「本質」的研究亦不可缺少。這時切勿陷入列舉沒落貴族的不滿、新興的民眾力量對亂世表示歡迎這種陳詞濫調。然而，冷冰冰地羅列「某年某月某日，某處發生了某次戰鬥，某某某取得了勝利」這些事實，也無意義。關鍵是要能夠一覽捲入戰亂漩渦者的生存狀態。

爲研究這個課題，絕佳的史料是《經覺私要鈔》和《大乘院寺社雜事記》。兩者都是室町時代興福寺僧侶的日記。前者的記錄者是經覺，後者的記錄者是尋尊，二人都經歷了應仁之亂，並留下大量具有極高價值、關於這場戰亂的日記。

經覺與尋尊都生活在奈良，在他們所獲得有關京都和其他地方的資訊中，有不少不正確的傳言或謠言。因此若欲把握應仁之亂整體的架構和經過，二者稱不上最好的史料。但是，二人的日記反映的不只是經覺、尋尊兩位記錄者本人，還有他們周圍的僧侶、貴族、武士、民眾在大亂的漩渦中如何生存、如何思考，從這一點上看來，他們的日記具有其他史料替代不了的價值。

當然，這兩份史料在此前對應仁之亂的研究中，已被充分利用。但其只爲確定事實關係而使用，否則就可能帶著「這是落伍於時代變化的守舊僧侶的抱怨」如此先入爲主的觀念來進行理解。尋尊在日記中一再爲世道混亂憂慮，這是事實，若僅以「舊統治階層的沒落與新興勢力的發展」的視角，無法完全理解這部日記的豐富內涵。貴族與僧侶都頑強生存了下來，但對大多數民眾而言，戰亂只是一場災難而已。

應仁之亂爲日本社會帶來了什麼？本書將以上述兩份史料爲中心，外加其他各種史料，力圖具體地爲大家呈現當時人們生活的樣貌，並以此展開討論。

第二章　通往應仁之亂之路

第四章 應仁之亂與興福寺

第五章　眾徒、國民的掙扎

第六章　大亂終結

第七章 應仁之亂後的室町幕府

伊豆	靜岡
駿河	
遠江	
三河	愛知
尾張	
美濃	岐阜
飛驒	
信濃	長野
甲斐	山梨
越後	新潟
佐渡	
越中	富山
能登	石川
加賀	
越前	福井
若狹	

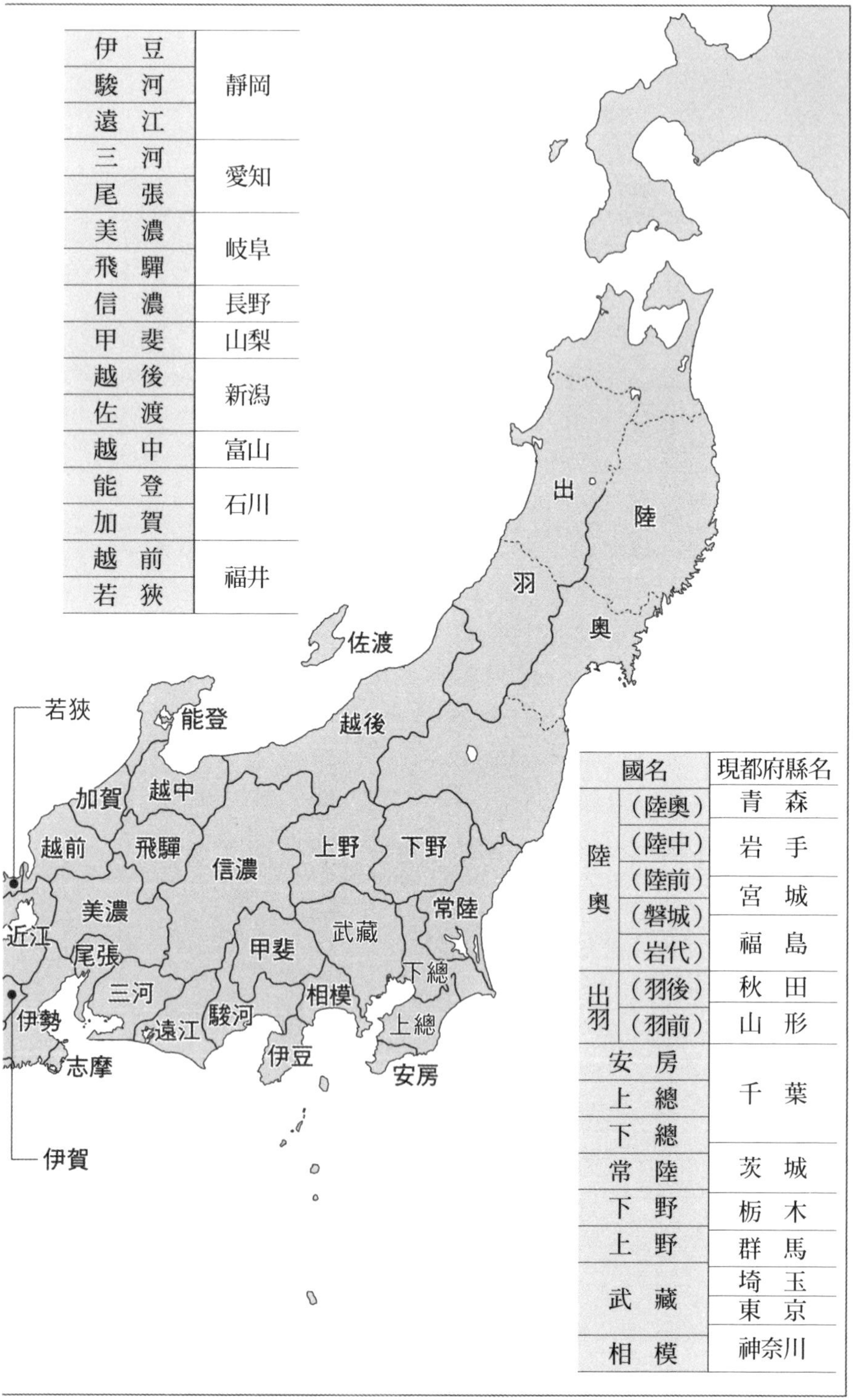

國名		現都府縣名
陸奥	（陸奥）	青森
	（陸中）	岩手
	（陸前）	宮城
	（磐城）	福島
	（岩代）	
出羽	（羽後）	秋田
	（羽前）	山形
安房		千葉
上總		
下總		
常陸		茨城
下野		栃木
上野		群馬
武藏		埼玉
		東京
相模		神奈川

筑前	福岡
筑後	福岡
豐前	福岡／大分
豐後	大分
日向	宮崎
大隅	鹿兒島
薩摩	鹿兒島
肥後	熊本
肥前	佐賀
壹岐	長崎
對馬	長崎

阿波	德島
土佐	高知
伊予	愛媛
讚岐	香川
備前	岡山
美作	岡山
備中	岡山
備後	廣島
安藝	廣島
周防	山口
長門	山口
石見	島根
出雲	島根
隱岐	島根
伯耆	鳥取
因幡	鳥取

近江	滋賀
山城	京都
丹後	京都
丹波	京都／兵庫
但馬	兵庫
播磨	兵庫
淡路	兵庫
攝津	兵庫／大阪
和泉	大阪
河內	大阪
大和	奈良
伊賀	三重
伊勢	三重
志摩	三重
紀伊	和歌山

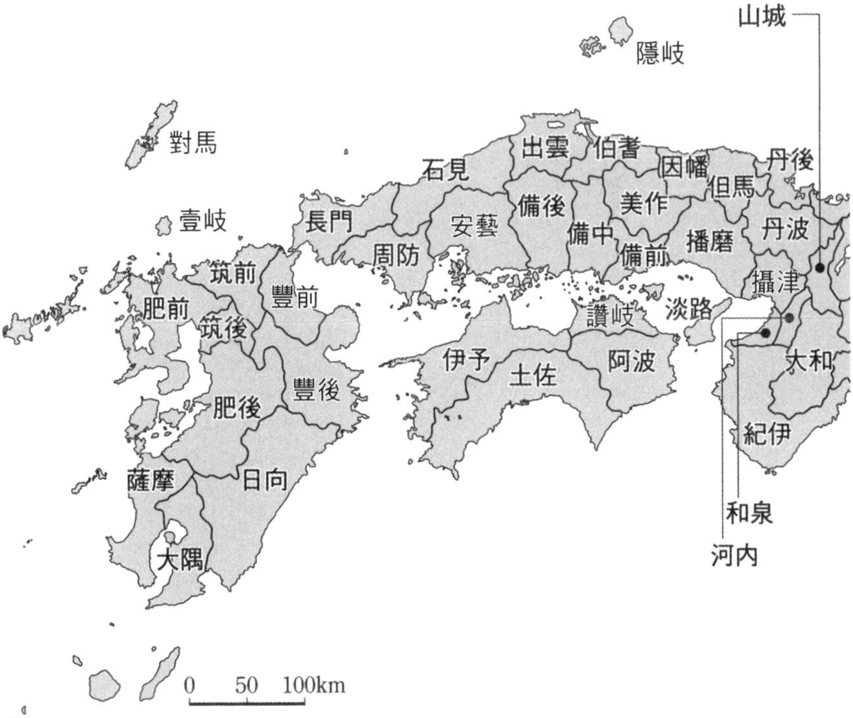

第一章

畿內的火藥桶——大和[1]

興福寺與大和

動亂的大和

經覺的榮光與沒落

興福寺與大和

攝關家與興福寺

提到奈良，你會想到什麼呢？也許你脫口而出的是「鹿」，又或者很多人會先想到東大寺的大佛。然而在中世，奈良就等於興福寺。

那麼，興福寺是一座怎樣的寺院呢？這座收藏了以國寶阿修羅像為首的眾多珍貴文物的著名寺院，對它的歷史，大家卻意外的知之甚少。奈良是本書最主要的舞臺，因而必須先瞭解興福寺的基本知識。首先大致介紹一下它。

興福寺的前身是藤原氏的祖先藤原鎌足於天智天皇八年（六六九）創建的山階寺。爾後在遷都藤原京時，鎌足之子藤原不比等將山階寺搬到了廄坂（廄坂寺）。接著和銅三年（七一〇），首都遷到平城京，遂在奈良的春日構築佛堂，將鎌足下令塑造的釋迦三尊[2]像從廄坂寺移來，並按「興國家之福」之意，取名興福寺。

在此以後，興福寺作為藤原氏的氏寺[3]愈發興盛，並於養老四年（七二〇）列為官寺，成為舉辦維摩會等國家法會的場所。因此，興福寺同時受到檀越[4]藤原氏與朝廷雙方的影響。

院政[5]時代伊始，從白河院時代（一〇七三至一一二九）開始，藤原氏的嫡傳一系，也就是攝關家[6]的子孫開始在興福寺出家。第一位是藤原師實（藤原道長[7]之孫）

興福寺國寶五重塔（右）與東金堂。

之子覺信。他於承保元年（一〇七四）十歲時（虛歲，下同）出家，成為興福寺別當（興福寺的最高領導，又稱「寺務」[8]）賴信的弟子。康和二年（一一〇〇），覺信就任興福寺別當。攝關家子弟擔任興福寺別當的傳統就此確立。

攝關家之所以與興福寺關係緊密，是因為院政政策確立之後，攝關家因自家政治權威下降而感到危機。事實上在這個時期，向來由藤原氏的氏長者（藤氏長者[9]）決定的興福寺人事任免，也受到了院——「治天之君」的干涉，對此不滿的興福寺頻頻發起嗷訴（強訴[10]）（參考拙著《一揆的原理》）。

在院與攝關家、興福寺相互對立的態勢下，興福寺的軍事力量得到了強化。俗稱「僧兵」，也就是當時所稱的「大眾」登上了歷史舞臺。在白河院政之後的鳥羽院政期，就有個大和源氏出身（即武士出身）的僧侶，名叫信實，在興福寺的權勢如日中天，人稱「日本第一武勇惡僧」。

由於與攝關家之間的關係愈發密切，興福寺被捲入攝關家的內部政治鬥爭之中。保元元年（一一五六），因藤原忠通、藤原賴長兄弟反目，保元之亂爆發，信實率領興福寺站在藤氏長者藤原賴長這一邊，不過未趕上戰鬥。藤原賴長敗亡後，信實等人的領地即被沒收。

治承三年（一一七九），平清盛發動政變，軟禁後白河院。此時，被視為反平氏的藤氏長者松殿基房被流放。興福寺僧人因而奮起，此後一直站在反平氏的立場上。次年，也就是治承四年，平清盛第五子平重衡率軍討伐南都（奈良），戰火中興福寺、東大寺幾乎化為灰燼。

一乘院與大乘院

治承．壽永內亂（也就是所謂的「源平合戰」）結束後，在興福寺別當信円的奔走下，興福寺得以重建。鎌倉幕府成立後，大和國（今奈良縣）不設守護11，興福寺作為事實上的守護統治大和。

然而這時出現了新的問題，這就是攝關家的分裂。鎌倉時代初期，攝關家分裂為近衛家和九條家，近衛家與九條家互為對手，都試圖征服另一方，掌控興福寺。結果，信円掌握的大乘院、一乘院成為爭奪的對象。其過程迂迴曲折，最終近衛家子弟被送入一乘院，九條家子弟被送入大乘院，形成一種共存狀態。此外，近衛家又進一步分出鷹司家，九條家又分出一條家和二條家（也就是「五攝家」），後來這些家族子弟也進入一乘院和大乘院。

一般認為，當時興福寺有超過一百個院家[12]和坊舍[13]，攝關家子弟的出家地一乘院和大乘院在其中是特別的存在。天皇與攝關家子弟擔任院主的院家稱為「門跡」，在興福寺中，一乘院與大乘院就是「門跡」，稱為「兩門跡（兩門）」。幾乎所有的院家、坊舍都從屬於這兩大門跡，形成了以門跡為中心的主從制門流組織。學界稱其為「兩門體制」。

於是，興福寺的僧侶因為出身的不同，也被明顯地區分開來。攝關家出身的稱作「貴種」，他們以固定的節奏步步高升，最終成為門主（門跡之主）。比攝關家地位低的貴族清華家、名家出身的僧侶叫作「良家」。「良家」階層的僧侶雖然也具備擔任別當的資格，升遷速度卻有天壤之別。舉一個例子，出身貴種的大乘院尋尊二十七歲就做了別當，良家出身的東北院俊円直到四十二歲才終於就任此職。這是因為貴種僧侶享受特別的優惠待遇（良家必須要先擔任權別當才能成為別當，貴種則不需要，等等）。僧侶的地位與他們作為僧人的成績、能力毫無關係，僅僅由血脈和家族出身決定。良家絕對無法凌駕於貴種之上。此外，在良家之下還有「凡僧」。

攝關家子弟就任門主時，將會繼承門跡龐大的財產。而且，他們還可以對下屬的院家施加影響。貴種僧侶的門流統治的深化，導致門跡之間圍繞莊園等利權發生利益爭端。永仁元年（一二九三），因為近衛、九條、一條家的對立，一乘院與大乘院爆發衝突，經鎌倉幕府介入，到永仁五年總算平息（永仁的南都鬥亂）。此外觀應二年（一三五一），為爭奪喜多院的控制權，兩門跡兵戎相見（觀應的爭端）。

眾徒與國民

在永仁的南都鬥亂中，一乘院、大乘院雙方的「實際參戰部隊」是眾徒。眾徒這個詞，原本和大眾（寺僧集團）同義。然而，如前所述，隨著寺院內部身分等級差異的產生，興福寺內的眾徒即大眾，也隨即不再是一個整體。鎌倉中期，專事學問的僧侶在大眾之中被稱作「學侶」；與之相對，武裝的下級僧侶被叫作「眾徒」，以示區別。

到了鎌倉末期，眾徒當中的中層僧侶作為「六方」獨立出來，相反，下層僧侶們組成「官符眾徒（官務眾徒）」這一武裝集團。他們既是興福寺的僧侶，又擔任興福寺領屬莊園的莊官等職務。由於他們幾乎與興福寺內的佛事無關（僅僅負責籌措資金），實際上和武士別無二致，唯一的區別是剃了光頭而已[14]。

這些眾徒是興福寺的軍事員警，受學侶和六方指揮。但是，隨著永仁的南都鬥亂等寺內暴力衝突頻發，眾徒的發言權也日漸增強。

另外還有一個被稱為「國民」的群體。國民指春日社白衣神人[15]，與其餘諸國的「國人（地方武士）」屬於同一階層。春日社是祭祀藤原氏氏神的神社，在中世與興福寺是一體的。因此，國民也從屬於興福寺，作為興福寺和春日社的暴力機構活動。由於眾徒與國民二者特徵類似，常被並稱為「眾徒、國民」。（但是國民的身分並非僧侶，與眾徒不同，他們並不剃髮。此外，相比眾徒，國民於興福寺的獨立性更強。）他們或屬於一乘院，或屬於大乘院，被稱作「坊人」。

這些大和國的武士們，都會參加每年九月十七日（現在是十二月十七日）舉行的春日社若宮祭（御祭，詳見第五章），一起在流鏑馬[16]儀式中當差。最初是平田黨、長川黨及他國武士參加，十三世紀中葉到十四世紀初有長谷川黨、乾脇黨和葛上黨參加，鎌倉末期至南北朝期間有散在黨參加。補充一句，永仁的南都鬥亂，就開始於永仁元年（一二九三）的御祭上，大乘院一方的武士混在流鏑馬佇列中進入奈良[17]，襲擊了一乘院，一乘院方武士遂應戰。

自從散在黨參與御祭以後，漸漸就沒有他國武士參加了，大和國武士獨佔了流鏑馬的差使。最終形成了以國民階層為中心，長川、長谷川、平田、葛上、乾脇、散在六黨輪流與之搭配，擔負御祭的流鏑馬職責的體制。

前人透過研究得出結論，認為興福寺透過御祭將大和國內的武士組織起來。筆者並不否認這一理論，但除此之外，我認為流鏑馬這一差使也使眾徒和國民之間的聯繫更加強化。與其說這是興福寺對大和一國的控制得到加強的表現，倒不如說是「眾徒、國民」團結了。下一節開始，我們就以他們的行動為中心，來看一看動亂中飄搖的大和國的歷史。

動亂的大和

南北朝時期的大和

過去的研究認為，南北朝期間，一乘院追隨南朝，大乘院追隨北朝，興福寺一分為二。這是依據一乘院實玄的父親近衛經忠屬於南朝一方等事實來推測的。但根據安田次郎的研究，興福寺整體一直屬於北朝一方，也就是武家（室町幕府）一方。幕府為照顧興福寺，未在大和設守護，興福寺握有事實上的守護職權。一乘院與大乘院雖然處於激烈且反覆的對抗狀態，但與南北朝的對立毫無關係。

特別是觀應二年（一三五一）的「兩門跡爭執」，是個關鍵的時間點。一乘院與大乘院的紛爭斷斷續續，持續了三十年。興福寺以及眾徒、國民完全一分為二。兩門跡為了將「眾徒、國民」的武力拉入本派麾下，競相拿出更高的賞賜。結果，一乘院、大乘院的領地落入「眾徒、國民」手中，門跡對莊園的控制權徒有虛名。

曾研究過十五世紀後半葉的大乘院門主及興福寺歷史的尋尊說：「這場戰亂是興福寺滅亡的開端。」尋尊是個對什麼事都持悲觀態度的人，對於他的這句評價也應該打個折扣，但說兩門跡的分裂和對抗將「眾徒、國民」推上了歷史舞臺，卻是沒有錯的。是否能得到「眾徒、國民」的支持，成了事關門跡和院家興衰的關鍵。

雖然剛才提到興福寺追隨武家一方，但「眾徒、國民」未必追隨武家。高市郡的越智氏，宇智郡的二見、牧野、野原氏等大和國南部武士均因靠近吉野而屬於南朝一方。其中散在黨的越智氏格外重要。

散在黨指不參加長川、長谷川、平田、葛上、乾脇五黨任何一黨的武士，也就是大和國內零散分佈的武士結成的一黨。其盟主是以高市郡越智鄉（今奈良縣高市郡高取町越智）為根據地的越智氏。越智氏是大乘院一方的國民，自稱源氏。南北朝時代越智氏是大和國內南朝一方勢力的中心，觀應擾亂[18]時逃離京都的足利直義（足利尊氏之弟）甚至都要仰仗他們的力量。

另一方面，幕府一方有名的人物是以添下郡筒井鄉（今奈良縣大和郡山市筒井）為根據地的筒井氏。筒井氏是乾脇黨的一員，最初並無多大的存在感。但至德二年（一三八五），筒井順覺成為乾脇黨中的重要力量（《西大寺文書》）。根據尋尊的解說，筒井鎮壓興福寺嗷訴有功，被室町幕府三代將軍足利義滿封為官符眾徒（《大乘院寺社雜事記》）。向來官符眾徒的任免權在興福寺別當手裡，因此足利義滿的這次任命是個特例。筒井在乾脇黨當中崛起，背後應該有幕府的支持。

應永十一年（一四〇四）七月，一乘院一方國民、長川黨的箸尾為妙攻擊了筒井順覺。幕府命二者停戰，請興福寺別當大乘院孝円出面協調，孝円卻說「這是一乘院

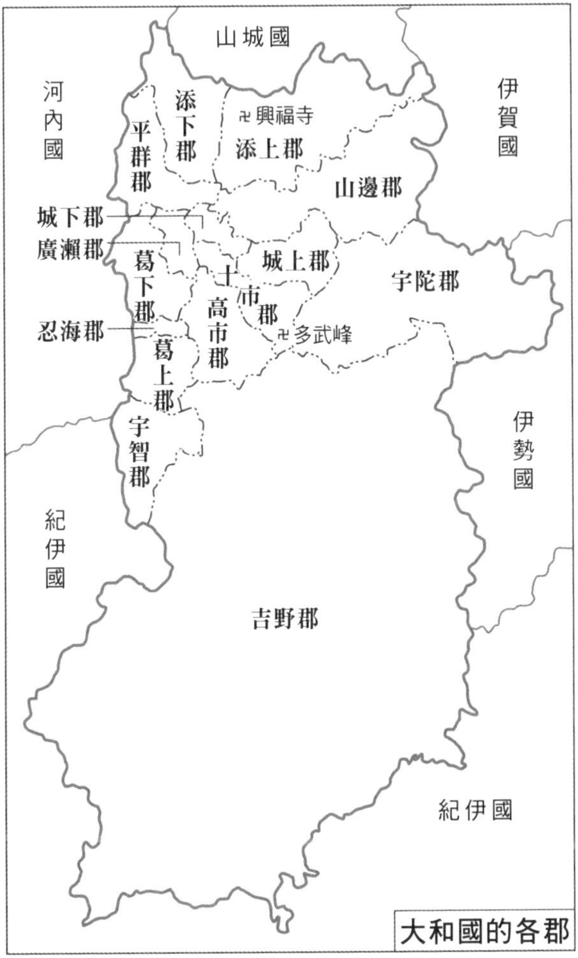
山城國
河內國
伊賀國
添下郡
興福寺
平群郡
添上郡
山邊郡
城下郡
廣瀨郡
葛下郡
十市郡
城上郡
宇陀郡
高市郡
多武峰
忍海郡
葛上郡
宇智郡
伊勢國
紀伊國
吉野郡
紀伊國
大和國的各郡

的問題」，面有難色。最終，幕府強令二者停戰（《寺院細細引付》）。然而，應永十三年，足利義滿重提舊事，追究箸尾為妙、十市遠重攻擊筒井氏的罪責，向大和派出討伐大軍（《藥師院舊記》）。箸尾、十市戰敗，足利義滿沒收了他們的領地，將其贈與春日社和興福寺（《大乘院寺社雜事記》）。應永十五年筒井與箸尾交戰之際，幕府軍為援救處於劣勢的筒井，也曾向大和派出援軍（《東院每日雜雜記》）。

之後，筒井與箸尾紛爭不斷，雖然每次幕府都下令停戰，但由於筒井一貫忠於幕府，箸尾卻曾偏向南朝，因此幕府的裁定總無法避免地偏向筒井一邊。為了挽回劣勢，箸尾愈發和越智走到了一起。

此後，大和國內的紛爭發展為親幕府的一乘院一方眾徒筒井，與反幕府的大乘院一方國民越智之間的鬥爭。

國中合戰

由於大乘院與一乘院的對立，興福寺別當的控制力大減，一乘院、大乘院兩門跡實際上掌握著大和的守護職權。然而，其職權範圍卻無法達到南部的宇智、吉野、宇陀三郡，基本上只能控制奈良與國中（奈良盆地）一帶。

應永十二年（一四〇五）八月，幕府將宇陀郡交與興福寺大乘院管理。然而，割據宇陀郡的澤、秋山兩氏強佔宇陀郡內的興福寺領屬莊園，與其對抗（《宇陀郡奉行引付》）。他們原本是南朝一方的武士，奮起反抗幕府一方的興福寺實屬理所應當。此外，同為南朝一方的多武峰寺[19]（現在的談山神社）也侵入宇陀郡，與興福寺相爭。因此，興福寺並未實際支配宇陀郡。

應永二十一年五月，多武峰寺與澤氏發生糾紛，由於多數國民介入此事，一場大規模的紛爭爆發了（國中合戰）。四代將軍足利義持雖下達停戰命令，卻未收實效。幕府遂命令興福寺別當東院光曉出面制止爭端。接受幕府之命的興福寺學侶和眾徒協助幕府使者出面調停，支援澤氏的越智氏遂應幕府要求，表示撤兵，多武峰寺的僧人卻對幕府使者暴力相向（《興福寺日次記》）。

幕府再度派遣使節，兩軍終於撤兵。興福寺的學侶、眾徒就防患之策協商，認為國民們以個人理由擅自發起軍事行動是造成大和國內亂的原因。於是他們向幕府傳達自己的意見，應該叫停國民之間的「私戰」，凡有紛爭應由幕府裁決解決。

同年六月二十日，幕府依照興福寺的願望，命令眾徒二十六人、國民二十八人於次月五日之前上京。七月八日，幕府對上京的眾徒和國民下達了七項要求，主要內容是：「今後無幕府命令擅自私戰者，處以流放大和之外的刑罰，並沒收領地。協力者連坐。即便有兩門跡指示，也不得擅動。凡有問題，應向幕府上訴。反之，若是幕府下達了討伐命令，即便討伐物件是親屬也絕不可饒恕。」眾徒和國民提出起請文[20]，宣誓遵守命令（《寺院事條條聞書》）。

起請文裡面還有對興福寺宣誓忠誠的條文，有的研究者認為，「幕府對眾徒和國民的處置也反映了興福寺的願望」。然而，要依靠幕府才能解決問題，正體現了興福寺的衰微。如今的興福寺，若無幕府為後盾，已無法阻止眾徒和國民的肆意妄為了。幕府於十月又命令興福寺學侶二十四人上京，讓他們宣誓絕不追求私利私慾，專心修行佛道。幕府也看得很明白，正是學侶的腐敗導致了眾徒和國民的囂張跋扈。

蠢蠢欲動的後南朝勢力

幕府之所以會因大和的混亂而神經緊張，是因為這時候發生了後南朝問題。

明德三年（一三九二）閏十月，所謂的南北朝合一（明德和約）得以實現，南朝退出歷史舞臺。然而，侍奉南朝的武士們並未對幕府心服，時常擁立舊南朝的皇族叛亂。這樣的南朝復興運動，被學術界稱為「後南朝」。

後南朝問題最初出現，是應永十七年（一四一〇）的後龜山法皇外逃事件。此事

北朝天皇世系略圖

- 後伏見
  - 光嚴（北朝1）
    - 崇光（北朝3）— 榮仁（伏見宮）— 貞成（伏見宮）— 後花園
    - 後光嚴（北朝4）— 後圓融（北朝5）— 後小松（北朝6）
      - ‖ 後花園 — 後土御門
      - 稱光
  - 光明（北朝2）

注：‖ 表示養父子關係（後同）

件發生在南北朝合一時，我們由這一背景看看這一事件。

明德三年，後龜山同意南北朝合一，率領四十餘名親隨離開大和國吉野，向北朝的後小松天皇交出三件神器。後龜山進入京都西郊的嵯峨大覺寺，以「南主」「大覺寺殿」自稱。生活雖然孤寂，後龜山卻隱忍堅持了下來。南北朝合一時，將軍足利義滿開出了一個條件，即皇位恢復兩統迭立[21]，也就是今後的天皇由舊南朝、舊北朝雙方交替繼承。

南北朝合一的和談原本就是足利義滿無視北朝的獨斷之舉，由舊南朝一方出任天皇這一約定根本就是不現實的。然而，由於不願明目張膽地背棄和約，足利義滿一直沒有將後小松天皇之子立為皇太子。因而，後龜山對舊南朝一系的皇子被立為皇太子，在後小松天皇之後即位一事尚存一線希望。

但是，應永十五年足利義滿去世，嫡子足利義持繼將軍位，成為幕府最高掌權者。足利義持並非明德和約的當事人，故而對後龜山不以為意。他意圖讓後小松天皇的長子躬仁即位。

後龜山瞭解到幕府並無向舊南朝移交皇位的意向之後，於應永十七年十一月逃出嵯峨，抵達吉野。儘管同時代的史料記載說，後龜山的外逃是因為生活困苦（《看聞日記》），但正如森茂曉所指出的，這是後龜山「對躬仁即位計畫的抗議」。

然而，足利義持無視後龜山，毅然推進擁立躬仁的進程。應永十八年十一月二十五日，躬仁被立為親王，當月二十八日元服[22]，次年八月二十九日踐祚[23]（從上一任天皇手中接受三件神器）。稱光天皇誕生了。因為稱光天皇年僅十二歲，後小松上皇實施院政。也許有人會認為，反正也是後小松統率朝廷，讓位毫無必要，但其實在中世，院政才是普遍的情況，天皇親政反倒是例外。為了確立舊北朝一系對皇位的獨佔，讓稱光天皇踐祚、讓後小松實施院政是必不可少的。

剛剛開啟新體制就面臨國中之戰的幕府，也一定看到了其背後吉野後龜山的影子。因此，幕府拚盡全力試圖終結國中之戰。大和的混亂平定之後，應永二十一年十二月十九日，稱光天皇正式即位。

但是，應永二十二年二月，伊勢的北畠滿雅因不滿稱光即位而起兵（《滿濟准后日記》）。北畠滿雅就是那位有名的南朝忠臣北畠親房[24]的曾孫。伊勢北畠氏是南朝勢力的中心，南北朝合一之後北畠氏向幕府靠近，作為實際上的伊勢守護活動。應永十年，足利義滿參拜伊勢神宮時途經平尾（今三重縣松阪市大平尾町、町平尾町），參加了北畠氏為他舉辦的歡迎宴會（《吉田家日次記》）。北畠氏意在討幕府的歡心，以讓舊南朝一系皇子的即位得到幕府認可。應永十九年六月，北畠顯泰（滿雅之父）特地上

南朝天皇世系略圖

後醍醐—後村上—┬長慶
　　　　　　　　└後龜山—恒敦（小倉宮）—聖承（小倉宮）

京同幕府交涉（《山科家禮記》）。交涉內容於史料無載，鑑於後龜山外逃的狀況，想必與皇位繼承問題有關。

然而如前所述，北畠氏的努力白費工夫，稱光天皇還是誕生了。這樣，北畠滿雅決意放棄合作路線，轉而同幕府開戰（不過根據《寺院事條條聞書》，起兵是因為領地的問題。）。

應永二十二年四月中旬，幕府命京極持光、土岐持益、一色義範討伐北畠。討伐軍從近江越過鈴鹿峠進入伊勢，遭到激烈抵抗，陷入苦戰。另外，與伊勢國境相接的大和國宇陀郡這邊，北畠氏的影響力也很大，宇陀郡的澤和秋山兩氏遂回應北畠起兵。於是幕府命令眾徒、國民出兵宇陀郡，擊退澤和秋山（《寺院事條條聞書》）。

同年六月十九日，眼看澤和秋山的活動漸漸平息，足利義持命畠山滿慶經大和國宇陀郡進攻伊勢（《滿濟准后日記》）。其兵力僅一百二三十騎，應該是寄希望於眾徒、國民的兵力。不過當月二十四日，畠山、眾徒、國民等幕府軍在宇陀郡的石破一帶（約在現今奈良縣宇陀市榛原赤埴）遭遇土一揆[25]襲擊，軍糧等物資盡被搶去（《寺院事條條聞書》）。即便如此，畠山仍攻向伊勢，眾徒、國民卻半途折返。

七月，楠木某回應北畠氏起兵，侵入大和國宇智郡及河內國，放火燒民宅。據說大和國武士中有與楠木相通之人（《寺院事條條聞書》）。七月十九日，畠山滿慶分兵一隊，派往河內。當月二十四日，楠木某被斬殺（《滿濟准后日記》）。

根據伊藤裕偉的說法，在北畠這一邊，幕府軍最終未能攻下北畠氏的根據地多氣城（位於現在的三重縣津市美杉町上多氣）。幕府軍與北畠滿雅簽訂停戰協議，撤了回來。八月十八日，畠山滿慶等人回京（《滿濟准后日記》）。

將軍足利義持十月赦免了（《滿濟准后日記》），實際上是議和。次年，即應永二十三年九月，足利義持率領諸位大名去奈良，首次參拜興福寺，之後向後龜山法皇承諾恢復他的領地，邀請他回歸嵯峨大覺寺（《看聞日記》）。足利義持對後龜山法皇成為後南朝勢力的旗號，再度出現北朝與南朝對立的狀況十分戒備。後龜山判斷，北畠滿雅既然已降伏於幕府，就不必再做無謂的抵抗了，遂回到了京都。

在北畠滿雅叛亂之際，興福寺一直協助幕府，這是因為後南朝勢力侵入大和，興福寺也無可迴避。此後，興福寺在討伐後南朝勢力的問題上與幕府保持步調一致。

經覺的榮光與沒落

一帆風順的前半生

那麼，現在總算到了介紹本書主人公之一經覺的時候了。應永二年（一三九五）十一月六日，關白左大臣九條經教之子經覺出生。應永十四年，經覺出家為僧，成為兄長、大乘院門主孝円的弟子。

鎌倉中期以後，九條家與一條家圍繞大乘院門主之位而相爭不斷。建武二年（一三三五），一條家出身的大乘院聖信圓寂後，九條家的優勢地位確立了下來。之後到孝円為止，大乘院門主全部是九條家出身。因此，經覺出家伊始，就已經被許諾將來的大乘院門主之位。

應永十七年三月二十六日，孝円逝去，年僅三十三歲。經覺繼承大乘院門跡。十一月十六日，舉行了「院務始」這一就任儀式。

同時，經覺努力鑽研作為僧侶所必要的修習。經覺於十五歲通過方廣會豎義、十七歲法華會豎義、十八歲慈恩會豎義、十九歲維摩會研學豎義，然後是法會豎義，應永二十三年以僅僅二十二歲的年紀出任維摩會的講師。

所謂豎義，其實就是對修學僧的口頭考試，提問者根據佛教諸學問提出問題，豎義者（考生）作答，精義者判定成績。然而，這時的豎義已經完全儀式化，試題和參考答案在考前就已知曉，豎義者好好準備，認真練習，就是這麼一回事。

本來，維摩會豎義若不積攢無數法會的經驗，便無參考資格，經覺年僅十九歲就合格，並非因為他是個天才學問僧，完全是拜他的尊貴出身所賜。事實上，經覺擔任大乘院門主時的一乘院門主——鷹司家出身的昭円，也是年僅二十歲就擔任了維摩會的講師。對經覺和昭円這樣的「貴種」而言，各種豎義無非是就任興福寺別當前必須履行的一道程序罷了。

應永三十三年，興福寺與東大寺間爆發武力衝突。幕府罷免二寺別當，「喧嘩兩成敗」[26]（《滿濟准后日記》《薩戒記》）。於是經覺得以在三十二歲時就任興福寺別當。

選定接班人

如前所述，此前數代大乘院門主都由九條家出身的人繼承。

當然，經覺也打算讓九條家的人做自己的接班人。

然而，經覺的長兄九條忠基無嗣而亡，九條忠基的養子、繼承九條家的三哥九條滿教也只有加加丸這一個兒子而已。這時加加丸是九條家的嗣子，是不可能讓他出家去大乘院的。

九條家世系略圖

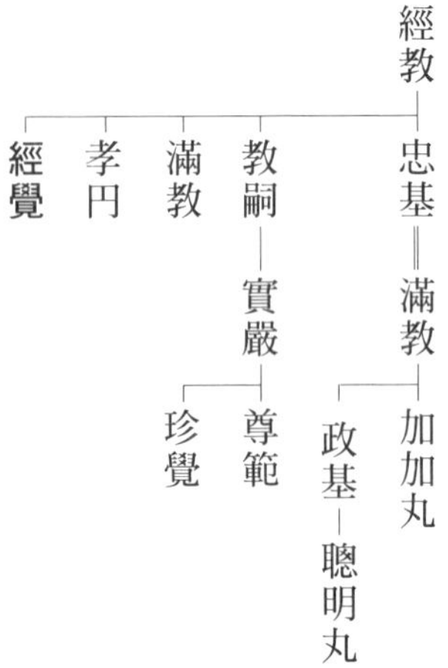

繼續等待九條滿教再生個兒子，也是一個辦法，但大乘院的慣例是門主三十歲前後選定繼任者，不好就這麼拖延下去。

於是經覺注意到了二哥九條教嗣（已故）的孫子。這個小孩子的父親實嚴是禪僧[27]，母親是比丘尼，父母都是出家僧尼，如此不合先例的繼任者令大乘院、一乘院門徒很為難。本章第一節提到，大乘院、一乘院的門主由攝關家出身者擔任，但嚴格來說，攝關家子弟也並非誰都可以，若非就任過藤氏長者的人的子嗣，是沒有資格的。

但在應永三十二年（一四二五），經覺將這個小孩子從加賀國找來，讓他做了前關白九條滿教（曾任藤氏長者）的猶子（無繼承權、名義上的養子），如此滿足了條件，也就獲得了幕府的首肯（《大乘院日記目錄》）。幕府對興福寺內部的事情並不瞭解，未經專門研究，就接受了經覺的請求。三年後的正長元年（一四二八，應永三十五年四月二十七日改元），這位十一歲的少年進入大乘院，取法名尊範。

嘗到甜頭的經覺又在正長二年讓尊範的弟弟做九條滿教的猶子，獲得將軍足利義教的同意之後，送他到東大寺東南院。九歲的少年出家後取法名珍覺。醍醐寺座主滿濟對這種本來算不上「貴種」的人透過猶子這一「暗招」進入門跡的事情加以批判（《滿濟准后日記》）。滿濟還是足利義教的政治顧問，因而他也對義教表達了自己的意見。不過話雖如此，這位滿濟自己就是以足利義滿猶子的身分進入醍醐寺三寶院門跡的。

無論如何，經覺利用自己與幕府的良好關係，試圖實現對興福寺，乃至對大和的控制。不過，大和的局勢風雲突變，前方還有重重苦難在等待著經覺。

宇陀「郡內一揆」暴動

讓我們稍微把時間倒回。應永三十五年（一四二八）正月，足利義持去世。由於足利義持的子嗣足利義量已經病死，足利義持已出家為僧的四個弟弟有資格成為將軍候選人。透過抽籤，青蓮院義円[28]成為繼承人。青蓮院義円接到管領[29]畠山滿家等大名提出讓他就任將軍的邀請，一開始是拒絕的，最終還是同意了。同年三月，義円還俗，改名足利義宣（後又改名義教），被朝廷任以從五位下、左馬頭之職。

足利氏世系略圖（數字是就任將軍的順序）

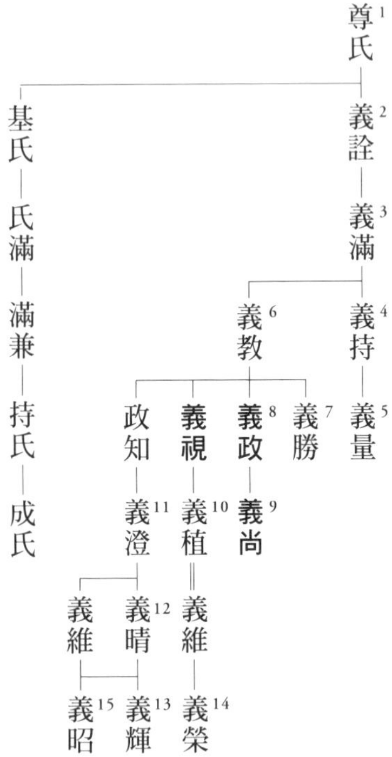

這時，稱光天皇已經命不久矣。而且，稱光天皇無嗣。可以說南朝後人繼承皇位的機會來了。然而幕府決定讓北朝崇光流伏見宮貞成親王之子彥仁王繼任天皇，絕不給南朝後人任何機會。毫無疑問，後南朝勢力非常憤怒。

七月七日，後龜山院之孫小倉宮在嵯峨躲藏起來。幕府不遺餘力搜查之後，得知其身處伊勢北畠滿雅處（《滿濟准后日記》）。幕府遂抓緊時間，準備擁立新帝。七月二十日，稱光天皇逝去，幕府秘不發喪，暗自準備交接儀式，於二十八日讓彥仁王踐祚。這就是後花園天皇。

八月，北畠滿雅擁小倉宮起兵。當時傳言說，叛亂的幕後指使者是覬覦將軍大位的鎌倉公方[30]足利持氏，幕府大為震撼（《薩戒記》）。此外，本次宇陀郡的澤氏、秋山氏也回應北畠滿雅起兵。對於經覺而言，這是第一個考驗。

問題不僅僅如此。正長元年（一四二八）七月，以山門（比叡山延曆寺）與北野社的對立為導火線，八月近江、九月京都郊外接連爆發土一揆，十一月波及伊賀國、伊勢國、宇陀郡、吉野郡、紀伊國、和泉國、河內國等畿內近國全地（《春日若宮社頭日記》）。這就是被尋尊評價為「日本建國以來百姓暴動頭一次」（《大乘院日記目錄》）的正長土一揆。

奈良也不可能倖免。山城方面的土一揆迫近奈良，筒井等眾徒出兵防衛，不料南面宇陀方向的土一揆軍又攻打過來（《東大寺轉害會施行日記》）。狀況不利之下，興福寺發佈德政令，試圖平息土一揆，然而郡內土一揆的活動並未停止。宇陀郡的土一揆應該並非民眾自發的暴動，而是宇陀郡的實力武士澤氏、秋山氏煽動所致。澤、秋山與宇陀郡土一揆的聯盟軍當時被稱為「郡內一揆」（《三個院家抄》）。十二月，北畠滿雅在與幕府一方伊勢守護土岐持賴的戰鬥中戰死（《師鄉記》《大乘院日記目錄》《椿葉記》）。但澤與秋山的反抗仍在持續。

經覺雖決意討伐澤與秋山，卻必須得到幕府的支援。次年，即正長二年正月十日，經覺上京，向三寶院滿濟拜年（《滿濟准后日記》）。不過，手持一千疋[31]（十貫文錢，相當於現在的一百萬日圓[32]）錢財去訪問，應該不是簡單的社交，而是想請他在宇陀郡問題上幫忙吧。

經覺回到奈良之後，也馬上向滿濟傳達了大和的局勢，請求他的幫助。根據二十六日送抵滿濟處的書信，大乘院一方的武士已出兵去迎擊澤與秋山，一乘院和多武峰寺卻毫無動靜。晦日的時候，經覺更是連著兩次報告了宇陀郡的戰況（昨日合戰和今日合戰的戰果），請求幕府向奈良派出使節。此外，即便在那個時代，從奈良前往京都也只需半天時間。

二月一日，經覺的使者再度拜訪醍醐寺。滿濟與這位使者一同謁見足利義宣，向其傳達了經覺的五條請求。第一條：

> 大乘院的坊人（眾徒、國民）雖已開向宇陀郡，但實在勢單力薄，兵力不過四五百人。這樣下去，討伐很難成功。請早日派遣使節兩人，向一乘院坊人為首的大和國武

士下達出兵命令。

這就是經覺的請求（《滿濟准后日記》）。經覺這時已將興福寺別當之位讓與一乘院昭円，此刻令不出大乘院。因此，經覺試圖以幕府的權威為後盾，推進對澤與秋山的討伐。

二月二日，幕府兩使節赴大和，一乘院與多武峰寺也出兵了。二月四日，大乘院一方的武士在長谷寺周邊激戰，斬殺人稱「宇多（宇陀）土一揆大將」的「榛原刀禰兄弟」（順帶一提，近畿日本鐵道大阪線長谷寺站的下一站就是榛原站）。此後長谷寺周邊攻防拉鋸戰不斷，在眾徒和國民的奮戰之下，敵軍被擊退，進入宇陀郡的道路被控制。但是一乘院坊人的士氣低落，經覺在給滿濟的書信裡發了不少牢騷（《滿濟准后日記紙背文書》）。

二月十一日經覺上京，十三日謁見足利義宣，足利義宣對其在澤和秋山討伐戰中的貢獻表示感謝。接受義宣認可的經覺就進攻宇陀郡的問題與學侶、六方眾商議，得到了他們的同意（《滿濟准后日記》）。

二月十三日，眾徒與國民攻入宇陀郡，澤和秋山未放一箭就燒毀城池逃走了。然而宇陀郡中尚有支持澤和秋山的民眾。他們是構成宇陀郡土一揆的主體，要阻止澤和秋山的勢力回歸宇陀郡，就必須切斷民眾與澤、秋山的聯繫。

當月二十七日，經覺上京，就瓦解「郡內一揆」的作戰與滿濟商量。也就是說，因為宇陀郡的民眾是透過與國中（奈良盆地）的往來獲得生活所需，可以將各道路封鎖，斷絕民眾的糧食，命令他們停止協助澤與秋山。這個作戰計畫是否實施，很難下定論，總之澤與秋山的活動停止。「郡內一揆」事實上瓦解了。

對伊勢殘餘叛軍的討伐也進行得很順利。足利義宣安下心來，於三月九日元服。當月十五日，足利義宣被任命為參議左中將，並就任征夷大將軍，改名足利義教。此後，三月裡各種儀式接二連三（二十九日敘任從三位，轉任權大納言），京都一片慶祝氣氛。一乘院昭円和大乘院經覺也拜謁足利義教，獻上賀詞。這段時間可以說是幕府與興福寺的蜜月期。

將軍足利義教的方針轉換

澤與秋山的沒落，使大和國看起來走向了和平，然而大和武士的紛爭並未就此結束。經覺的基本方針是依靠幕府的權威平息紛爭，但是他並不期望幕府軍進駐。他國武士進駐大和，可能導致紛爭擴大，而且可能使興福寺的威信降低。在這一點上，與福寺別當一乘院昭円與他意見一致。

大和境內，箸尾與片岡起了爭端。衝突雙方都是一乘院一方的國民，但箸尾一面侍奉一乘院，一面又臣屬於管領，即河內守護畠山滿家。畠山滿家將河內軍派往大和，攻擊片岡的城池。筒井、越智等興福寺眾徒和國民出兵救援片岡，將河內軍擊退，畠山滿家的一位家臣於此戰戰死。畠山滿家大怒，伺機復仇。

正長二年（一四二九）三月六日，六方眾成身院光宣作為一乘院昭円的使者就此

筒井氏世系略圖（數字是就任總領的順序）

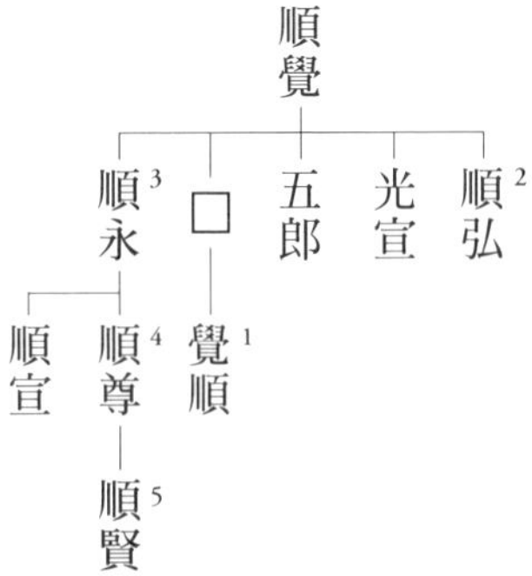

事上京，向三寶院滿濟稟報詳情。光宣是官符眾徒筒井覺順（順覺之孫）的伯父。

光宣請求說：「畠山軍若再攻，大和必亂，箸尾與片岡相爭，依照將軍的停戰命令，二者都撤了兵。到這時候，為什麼畠山還要武力介入呢？懇請阻止畠山的行為。」滿濟表示「會向畠山轉達」（《滿濟准后日記》）。

那麼，幕府是如何看待大和的局勢？六月，大和國民吐田與楢原相爭，幕府就此事的對策進行了討論，有的大名說：「吐田與楢原兩邊都是臣屬管領的勢力，讓管領出面命令他們停戰不就好了嗎？」大名之中，與大和國有切身利益的唯有擔任河內守護的畠山滿家一人而已，因而有的大名不願意捲入麻煩。筆者在之前所著的《日本中世戰爭史》一書中有所討論，總而言之，諸位大名對與自己利益無關的遠征態度是消

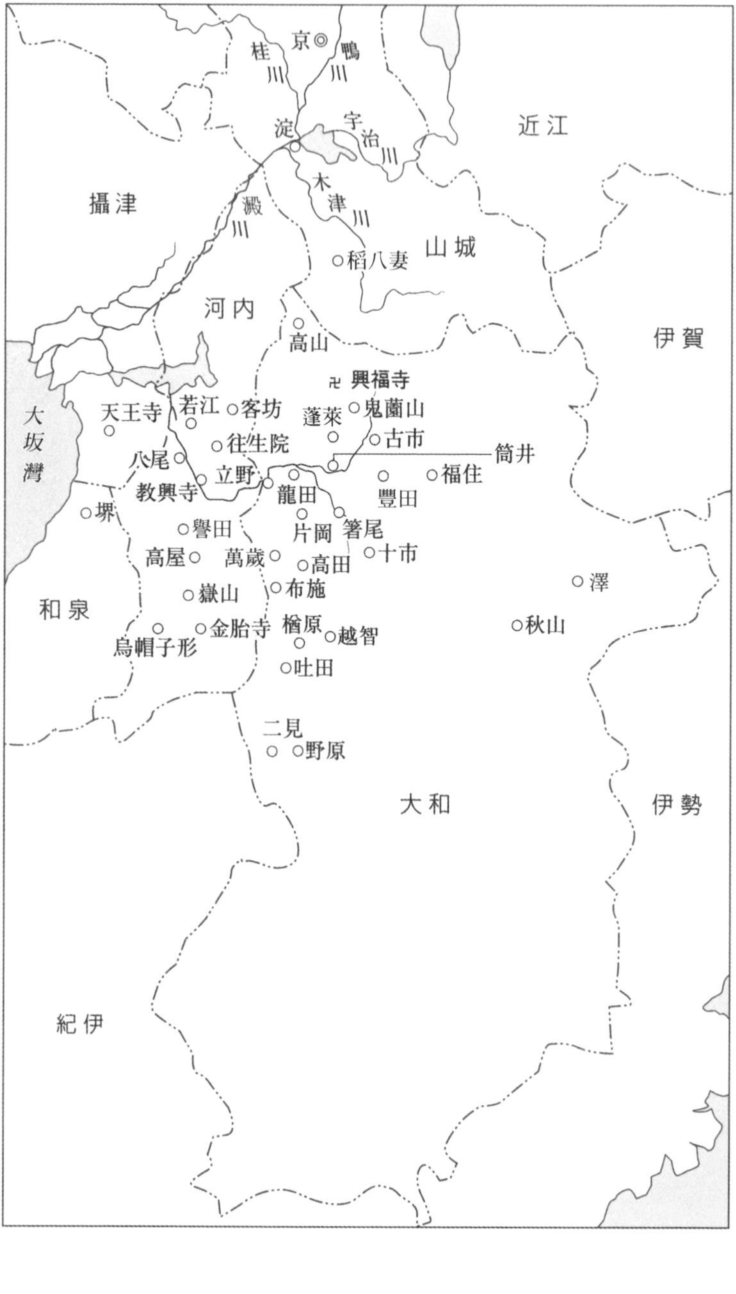
京
桂川
鴨川
淀
宇治川
近江
攝津
木津川
澱川
山城
稲八妻
河内
高山
伊賀
興福寺
天王寺
若江
客坊
蓬萊
鬼薗山
大坂灣
往生院
古市
筒井
八尾
立野
福住
教興寺
龍田
豐田
堺
片岡
箸尾
譽田
高屋
萬歲
高田
十市
澤
嶽山
布施
和泉
金胎寺
檜原
越智
秋山
烏帽子形
吐田
二見
野原
大和
伊勢
紀伊

極的。

然而，畠山滿家卻強硬表示：「他們不遵守自己的號令，還請將軍親自派遣使者。」諸位大名也接受了他的意見（《滿濟准后日記》《建內記》）。

七月，又發生了同樣的問題。大乘院眾徒豐田中坊與一乘院眾徒井戶之間爆發戰鬥（大和永享之亂）。事情的起因是井戶殺害了一名叫頓稱坊的僧侶，頓稱坊的親戚豐田中坊為報仇而向井戶發起攻擊。

當月三日，一乘院昭円透過南都傳奏（興福寺等奈良寺院與幕府之間的協調職務）萬里小路時房，向幕府請求下達停戰文書。但是，足利義教在聽了時房的轉述之後說：「下發停戰文書就不必了。把大乘院與一乘院的雜掌（駐京都代表）叫來，口頭傳達幕府的意思即可。」足利義教判斷，門主須負監督責任，可令大乘院去制止豐田中坊、一乘院去制止井戶。

當月十一日，大乘院經覺向萬里小路時房派遣使者。「我已向豐田中坊和井戶傳達了幕府的停戰意向，他們拒不聽從，請求幕府下發停戰文書。」時房在與滿濟商量之後，奔赴將軍御所，向足利義教傳達了經覺的請求。

足利義教問時房：「有必要准允經覺的請求嗎？」足利義教之所以答覆得不爽快，是因為擔心如果下達了停戰命令仍遭對方無視，勢必有損自己的權威。如今諸位大名對出兵持消極態度，幕府能做的就只有「口頭介入」而已，並沒有多少實效。既然如此，倒不如對大和的混亂局勢放著不管為好。這就是十分在乎世人評價的足利義教式的想法。

對此，萬里小路時房回答：「會有人違背將軍的命令嗎？即便對方不接受命令，只要反覆下達命令就好了。」即便只是效果微弱的「口頭介入」，將軍發出的和平訊息也是有意義的。這是時房的考慮。足利義教聽取了時房的建言，向大乘院與一乘院下發了內容為「命令門徒停止戰鬥，若有意見可向幕府陳述」的文書。

大乘院、一乘院將幕府的文書傳達給豐田中坊和井戶，但二者並不遵從。相反，筒井、十市等支援井戶，箸尾增援豐田中坊，紛爭愈發擴大化。二十八日，兩門主再次透過萬里小路時房請求幕府支援。一乘院昭円乞求「請務必再度下達停戰命令」。大乘院經覺則說：「僅僅是再下達一次停戰命令於解決問題無益，請幕府派遣使節。」時房持二人書信趕赴將軍御所。

然而足利義教反應遲鈍。他說：「大和的爭端完全看不出會結束的樣子，既然制止也無益，不如棄之不顧。」足利義教對派遣使者猶疑不決，不用說是因為擔心若派遣使者事態仍無法收拾，將有損自己的面子，同時也因為幕府內對大和予以放任的言論有著很大影響。但是時房仍不妥協：「若爭端擴大，再想制止就來不及了。現在應當立即派遣使者。」縱然是「口頭介入」，只要幕府繼續介入大和的爭端，大和國內幕府的存在感就會越來越高。時房的戰略是非常清晰的。

足利義教說「去和管領畠山滿家商量」，時房就立即去謁見畠山滿家。滿家與時房意見一致。「大和爭端斷不可放任不管，派遣使者是個好辦法，需要討論的是何人可擔當此任。今後幕府也應當為制止大和的紛爭而盡力。」時房向足利義教報告了畠山滿家的意見，足利義教遂決定派遣使者（《建內記》）。

八月，幕府使者飯尾和長澤兩人前往奈良，命令井戶與豐田停戰。井戶答應停戰，豐田雖回覆說「一定停戰」卻並未撤兵。這是因為豐田一方處於優勢。丟了面子的足利義教大為激憤，說要討伐豐田，但因為預定在九月舉行的足利義教春日社參拜不可延期，討伐軍的派遣就推遲了。

永享元年（一四二九，正長二年九月五日改元）九月下旬，足利義教拜訪奈良，參拜春日社，並巡禮興福寺和東大寺等。足利義教滯留奈良期間，豐田果然抑制住了軍事行動，但筒井報告說：「將軍一旦回京，豐田接受越智、箸尾支援，意圖再開戰端。」將軍更加憤怒。

十一月二十一日，足利義教向越智通報將「嚴懲擅自發起軍事行動者」。越智雖答覆「遵命」，卻只是敷衍了事。越智、箸尾、萬歲、澤、秋山等，以支援豐田為旗號出兵，進攻筒井鄉和十市鄉。筒井慘敗，轄地內數處據點被焚毀，僅存主城而已。

當月二十四日，足利義教宣告：「為討伐違背我命令的國民，特派遣細川持之（細川勝元之父）與赤松滿祐發兵大和。」他同樣命畠山滿家出兵。畠山滿家勸足利義教說：「先派遣遊佐國盛（滿家的重臣）去令他們停戰如何？」

因遊佐的努力，停戰得以實現。但對於屬地遭到越智和箸尾踐踏的筒井和十市而言，對越智和箸尾沒有任何處罰就完事了，他們絕不能同意。然而，因為畠山等大名都對武力介入持否定態度，幕府軍的派遣最終未能實現（《滿濟准后日記》）。

正如櫻井英治所指出的，足利義教對「聲譽」極度重視。因此，他一開始擔心貿然插手大和的複雜局勢會招致失敗，傾向棄之不顧。不過，一旦他介入，就絕對不能容忍他人違背命令，瞬間就變得態度強硬起來。周圍人認為應當以「口頭介入」收拾局勢，足利義教卻不顧周圍反對，決心以武力介入。悲劇就這樣開始了。

成身院光宣的暗中活動

永享二年（一四三〇）二月，將軍足利義教仍執著於向大和派兵之事，結果卻未能成行。而畠山滿家讓越智和箸尾起誓不再私鬥（《滿濟准后日記》）。此外，幕府又命大乘院經覺、一乘院昭円和興福寺學侶擊退豐田中坊。二月十六日，眾徒、國民組成的討伐軍出擊，將豐田中坊的宅邸燒毀（《建內記》）。可以說，幕府回歸到避免直接軍事介入、僅做興福寺的後援此一原本的方針。

當年四月到六月，幕府與北畠氏進行了和談，赦免了北畠、澤和秋山（《滿濟准后日記》）。作為北畠免罪的條件，小倉宮被交與幕府手中。和談的中心人物是三寶院滿濟和赤松滿祐。

永享三年三月，對幕府持反抗態度的鎌倉公方足利持氏向京都派遣謝罪使節。足利義教起初拒絕與其會面，在畠山滿家等大名的諫言之下，足利義教七月與之會面，接受了足利持氏的謝罪。

如前所述，從正長元年（一四二八）足利義持去世到永享元年之間，各地軍情緊張，好在畠山滿家與滿濟推行的穩健路線收到了成效。永享三年年中，幕府終於恢復了穩定。

然而，永享三年八月二十四日，筒井火攻箸尾城。箸尾為報復筒井，率大軍攻陷筒井方的蓬萊城，進而開向筒井城。二十七日，滿濟收到經覺的報告大為憤怒：「好不容易大和局勢才安定下來，筒井肆意妄為，再起混亂，實在是豈有此理。」（《滿濟准后日記》）

當月晦日，滿濟前往將軍御所，向將軍報告了大和爆發戰事的消息。足利義教說：「筒井的所為實在不像話，但現在就拋棄幕府一直以來援助的勢力，也斷乎不可。可令畠山滿家、細川持之、山名時熙、一色義貫（本名一色義範，因名字讀音與義教相同，為避將軍諱改名）、赤松滿祐五位大名出兵。」

但是，之前畠山曾反對用兵，這令足利義教心存芥蒂。足利義教透過滿濟諮詢了畠山、細川和山名的意見。果然，三人表示：「如今室町殿（將軍御所）[33]的建築工事等要事繁忙，現在出兵不現實。只討伐箸尾一人，任何時候都可以。不如將出兵延期到明年春天更好。」足利義教遂命令：「大和遠征延期。明年春天令畠山一人出兵討伐箸尾。」然而此後畠山對箸尾進行遊說，迫使其撤軍，箸尾討伐也就中止了（《滿濟准后日記》）。

永享四年九月二十四日，越智、箸尾再度攻擊筒井，筒井遁入筒井城。這時候足利義教正在遊覽富士山，不在京都，他們正是看準了時機挑起事端（《看聞日記》）。二十九日，回到京都的足利義教透過滿濟詢問畠山對解決越智和箸尾問題的意見。足利義教懷疑畠山滿家違背自己的意旨，袒護越智和箸尾。

十月四日，畠山滿家為消除誤解，向將軍辯解說：「自永享二年我傳達了將軍您的禁止私鬥命令以來，箸尾就老實了。筒井去年攻擊箸尾有錯在先，箸尾無罪。」

足利義教卻不讓步：「箸尾不是沒有來問候嗎？聽說去年派遣使節去的時候，他們也甚是無禮。越智也是同罪。我想命大名二三人出兵。」話雖如此，足利義教並未下定決心，稱：「若派遣遊佐，或可調停成功。」然而在筒井覺順上京拚命乞求之後，足利義教的態度終於向討伐越智和箸尾傾斜。知道足利義教決心已定，畠山滿家不再抗辯（《滿濟准后日記》）。

接下來的問題是派何人出兵。起初的計畫是派山名時熙去，但山名時熙忙於解決大內氏的內部糾紛，分身乏術。之後又決定派遣赤松滿祐，滿祐所擔負的侍所之責（京都的警衛）也交接給了一色義貫，但是滿祐自己不願上陣，於是讓滿祐的弟弟義雅出兵。

一直與大和問題有關的畠山氏也要出兵，但足利義教任命畠山滿家的嫡子畠山持國為大將，而不是滿家本人。滿家請求「請讓我親自上陣」，卻未被允許（《滿濟准后日記》）。足利義教認為，畠山滿家對出兵態度消極，若把大和派兵的重任交給他，恐怕難有進展。

事態朝著大乘院經覺和一乘院昭円等興福寺上層並不期望的方向發展。當年十一月七日，經覺上京，與滿濟夜談。經覺說：「當下大和正是收穫的季節，幕府軍若是進入大和，引起戰事，必致田園荒蕪，田租[34]（年貢）的徵收恐怕就難了。再者，聽說幕府派兵的消息，越智、箸尾等打算向幕府投降。這樣還有出兵討伐的必要嗎？」滿濟也反對出兵，向足利義教進諫，卻招致了他的不快（《滿濟准后日記》）。十一月二十七日，畠山持國與赤松義雅兩位大將發兵大和。畠山軍一千三百騎，赤松軍八百騎，雜兵兩千人（《看聞日記》）。

據尋尊的說法，讓足利義教做出派兵決斷的是成身院光宣的陳述（《大乘院日記目錄》）。這時的光宣已經跳出興福寺六方眾的立場，以俗家筒井氏的利益為先來活動。此後光宣與經覺對立，爭執的種子可以說就是在這時播下的。

當月晦日，越智與箸尾一戰未交，焚城逃走。次月，即十二月三日，畠山持國向京都報告了勝利的消息，足利義教卻嚴令他「將敵人從躲藏的地方搜出來消滅他們」。但越智和箸尾一直不見蹤跡，十二月十九日，幕府與筒井聯軍開始撤兵，撤兵途中遭到土一揆的襲擊，赤松義雅奮戰後將其擊退，不過損失慘重（《看聞日記》《滿濟准后日記》）。土一揆毫無疑問是被越智和箸尾煽動起來的。畠山與赤松判斷依現有兵力無法掃盡敵軍，遂於二十三日撤回京都。

幕府軍的這次遠征雖然缺乏看得見的戰果，對越智和箸尾的威嚇作用卻相當巨大。次年，即永享五年，大和保持安定的狀態。然而，不願接受教訓的筒井再度招惹麻煩。

永亨六年八月，筒井覺順的家臣片岡逃往越智維通處（《看聞日記》）。憤怒的筒井覺順於十四日率領武士一千二三百人與野伏（輕裝農民兵）三四千人討伐越智。越智的兵力僅有八百，但越智竟然動員了野伏兩萬人，將筒井誘至險要處，將其圍殲。筒井一方，大將筒井覺順及覺順的伯父五郎戰死，遭受了毀滅性的打擊。滿濟在得到經覺的急報之後知道了事情的原委，對筒井的輕舉妄動大為吃驚：「前年幕府派了援軍都沒能擊敗越智，僅憑筒井的力量如何能夠取勝？」（《滿濟准后日記》）

另一方面，大勝之後志得意滿的越智維通命令同盟的眾徒、國民豐田、福智堂和小泉維持奈良的治安（《大乘院日記目錄》）。這是興福寺的許可權所在，越智的行為可以說是越權的舉動。這樣的狀況已經超越了眾徒和國民間「私鬥」的範疇，朝越智等對興福寺、幕府叛亂的方向發展。

對於越智一派的專橫，筒井一方並未坐以待斃。永享七年四月，成身院光宣的兄長、西大寺的僧侶上京，被幕府承認為筒井氏的總領[35]（《大乘院日記目錄》）。他就是筒井順弘。策劃了這齣擁立劇的應該是光宣。重建之後，筒井氏轉入反擊。

當年九月，足利義教接受光宣的請求，任命畠山持國為主帥，派大軍前往大和（《看聞日記》《大乘院日記目錄》）。畠山滿家與三寶院滿濟皆辭世，已無人能夠掣肘足利義教。幕府軍驅逐越智和箸尾勢力，十二月留下一部分兵力之後勝利回京。

但是在十二月二十九日，殘留的幕府軍遭到越智等的夜襲。足利義教大怒，翌年命之前曾參戰的大名一色義貫和武田信榮也加入戰場，再度討伐越智（《大乘院日記目錄》)。永享九年,足利義教再次增兵,幕府傾盡全力討伐越智和箸尾。

經覺失勢

由於幕府真正地派兵介入,興福寺從大和永享之亂的當事人淪落為旁觀者。經覺痛苦地注視著戰火日益擴大的局面。

永享三年(一四三一)八月,經覺得到足利義教的認可再任興福寺別當,並升任大僧正[36],但他在永享五年及六年向將軍請辭興福寺別當。大概是因為戰亂激化,興福寺別當的職務成了沉重的負擔使然。但是足利義教當時慰留了他,永享七年才總算同意他的辭職(《興福寺三綱補任》)。

然而,繼任興福寺別當的松洞院兼昭卻在永享八年八月惹怒了足利義教而遭到解職,當年十月,他連大安寺別當的地位也失去。松洞院兼昭於十一月三日亡故。世間傳言說他是餓死的,又有說是自殺的(《經覺私要鈔》《大乘院日記目錄》)。無論如何,他是不得志而死,這一點毋庸置疑。

松洞院兼昭之死在經覺心中留下了陰影。此後經覺表面上與足利義教維持良好的關係,但效果不彰。

永享九年十月,後花園天皇訪問將軍御所,受到足利義教的款待。二十二日和二十三日有舞樂。足利義教遵循先例,向攝關家和諸門跡徵收給舞者謝金所需的經費。他命令大乘院經覺與一乘院教玄各出錢五千疋(五十貫文錢)。教玄向奈良市內一乘院管轄區域的居民徵收地口錢（依土地面積徵收的稅金），湊夠了錢，經覺卻拒絕支付。

這讓足利義教心情極壞。次年，即永享十年四月，經覺上京，足利義教拒絕與之會面。代替足利義教出面的武家傳奏中山定親質問他說：「為什麼不交錢？」經覺反駁說：「迄今為止，我為天下如何盡心竭力，你可知否？我已承受不了更大的負擔了。」（《大乘院日記目錄》）毫無疑問，足利義教大怒。

緊接著，大乘院門徒向幕府起訴經覺和尊範師徒的惡行。的確，尊範進入大乘院時，經覺強硬的做法招來了大乘院內的批評，但經覺基本算得上公正的門主。永享六年，一乘院昭円惹足利義教不快而失勢時，一乘院門徒也向幕府起訴昭円的不法行為（《滿濟准后日記》）就此看來，這樣的訴訟恐怕並非自發，而是斟酌足利義教的意思之後提出的吧。換句話說，廢掉不討將軍喜歡的門主，以此確保門跡的安全，這就是一種「主君放逐」。

八月三日，幕府的命令送抵大乘院。幕府受理了大乘院門徒的申請，驅逐經覺和尊範（《大乘院寺社雜事記》）。當月七日，經覺離開興福寺，進入大安寺內的己心寺，卻因為足利義教命令他「不可以在奈良近郊隱居」，又於十二日搬到平群郡立野（今奈良縣生駒郡三鄉町立野）的寶壽寺（《後五大院殿御傳》）。其隨從僅二人，甚為淒涼（《大乘院日記目錄》）。尊範也經京都回到原住地加賀，改名尋實（《大乘院日記目錄》）。

幕府對選新門主的事很著急。起初考慮以鷹司家的子嗣為候補，無奈他年紀太小，遂又選中了一條兼良九歲的兒子。當月二十八日，大乘院門徒上京，就新門主人選一事向足利義教致謝（《後五大院殿御傳》）。

十二月八日，九歲的男孩進入大乘院；兩年後，永享十二年十一月，以十一歲之齡出家（《大乘院寺社雜事記》）。這就是本書另一位主人公尋尊。尋尊在永享十三年二月開始實行院務，九條家對大乘院的影響至此一掃而空。

到了四十歲的後半段，經覺的人生開始急轉直下。但他卻以一種意想不到的方式獲得了東山再起的機會，這就是嘉吉之變。

---

1 現在的奈良縣。——如無特別標示，本書注釋皆為譯者所加。

2 即以釋迦牟尼佛像為中心搭配兩脅侍菩薩的組合。興福寺以釋迦如來、藥王菩薩、藥上菩薩為三尊。

3 特定氏族皈依並庇護的寺院。

4 即施主，又稱檀主。這裡指創建寺院或長期資助寺院的世俗家族。

5 由退位的一位上皇或法皇（院），以天皇家家長的身分，擔任「治天之君」，執掌天下大權的政治形式。

6 藤原氏的嫡傳一系，因世襲「攝政」「關白」而稱為攝關家，後來逐漸分裂為近衛、九條、一條等五攝家。

7 平安時代政治家（九六六至一〇二八）。

8 以下原文作「別當」或「寺務」的地方一律譯為「別當」。

9 整個藤原氏之長。相應地，源氏也有源氏長者。

10 大寺院和神社借用神佛的名義，對朝廷發動暴力上訴，以求實現自己的政治經濟利益。

11 幕府在各國（大行政區）設立的統轄武士，執行幕府命令的官職。守護是幕府內部的職務，與朝廷在各國設立的國守無關。

12 寺院的下屬寺院。譬如一乘院和大乘院是興福寺的下屬寺院。

13 寺院周圍比院家級別更低的下屬寺院。

14 事實上憑是否剃髮，仍然無法區分武士與眾徒。

15 神人為下級神職，為神社雜務的輔助人員。

16 一種騎射活動。

17 本書中提到的「奈良」，一般不指今奈良縣全境（奈良縣全境稱為大和），僅指奈良縣北部地方，即興福寺、東大寺等所在地。

18 南北朝時代中期幕府內部發生的一次分裂和動亂。將軍足利尊氏之弟足利直義，連同養子足利直冬（足利尊氏庶子）與南朝勢力合作，反抗足利尊氏。

19 多武峰寺為大和國的一大寺院，中世時為比叡山延曆寺下屬，坐擁大量莊園及武裝力量，與興福寺對抗。而作為延曆寺勢力範圍的京都，卻有一座興福寺的下屬寺院清水寺，與延曆寺對抗。

20 向神佛起誓的文書。

21 持明院統（後來北朝一系）、大覺寺統（後來南朝一系）交替繼承皇位。這種辦法自鎌倉時代後期開始持續數十年，在後醍醐天皇覆滅鎌倉幕府後被打破。

22 成人禮。相當於中國的冠禮。

23 踐祚禮在即位之前舉行，代表皇位順利交接。踐祚的主要儀式是神器的交接。

24 南朝名臣，著有《神皇正統記》。其子北畠顯家為南朝軍主要統帥之一。

25 農民、地方武士組成的集團，向莊園領主、守護大名及高利貸主發動的暴力反抗。
26 日本中世及近世早期的法律，意即若發生爭鬥，無論緣由、對錯，對雙方施以同等處罰。——編注
27 興福寺為法相宗，與禪宗是不同宗派。
28 義門曾為門跡寺院青蓮院的門主，也曾擔任天台宗的長官天台座主。
29 輔佐將軍的室町幕府重臣，只有斯波、畠山、細川三家有資格擔任。
30 室町時代，在鎌倉府管理關東八國及伊豆、甲斐等地的官職，由足利氏分家世襲。
31 「疋」本為布匹單位，在銅錢成為主流之後被當作錢幣單位來使用。
32 一百萬日圓約合二十八萬台幣。
33 在日本中世，一般習慣於以住所來稱呼人。現在「室町殿」也被學術界用作對室町幕府實際掌權者的稱呼。
34 日本中世的租稅概念與中國完全不同。本書中譯為「田租」的地方，原文都作「年貢」。年貢指耕作田地的農民向領主交納出產的一部分。日本中世社會是以莊園制為基礎，統治階級掌握的財富主要來自莊園的年貢收入。
35 繼承人、武士團統轄者。
36 僧官的最高級。僧官有僧正、僧都、律師三級。另有僧位：法印、法眼、法橋。此時無論僧位還是僧官都已成為名譽職位。

第二章 通往應仁之亂之路

戰鬥的經覺

畠山氏的分裂

大名之間的合縱連横

戰鬥的經覺

嘉吉之變

前一章講到，與大和永享之亂關係最密切的大名就是鄰國河內的守護畠山氏。現在這位畠山持國下臺了。

嘉吉元年（一四四一）正月，幕府討伐關東結城氏朝等叛軍（結城之戰）。幕府軍於前一年七月二十九日起包圍了下總結城城（現在茨城縣結城市內），卻未能找到任何破綻。惱怒的將軍足利義教命畠山持國出兵關東，持國卻閃爍其詞，令將軍不快。畠山氏的家臣團對事態深表憂慮，遂請求足利義教罷免持國。足利義教接受了他們的請求，廢除了畠山持國的畠山氏家督之位，立他的異母弟持永為家督。持國於是離開京都的宅邸，潛入河內（《看聞日記》《建內記》）。持國的失勢原因與經覺完全一樣，這確實頗有意思。

嘉吉元年四月十六日，結城城終於陷落。五月四日，結城氏朝等賊寇的首級運抵京都，接受了檢查。此後，公家與武家的實權者爭相宴請將軍，慶祝大捷。六月二十四日，赤松教康把將軍請到了自己的宅邸，但這其實是赤松滿祐與教康父子的計策。赤松滿祐等在自家宅邸內暗殺了將軍足利義教，逃回自己控制的播磨國。

二十五日，管領細川持之召集諸位大名，協商善後之策（《建內記》）。會議參加者不明，但山名持豐（日後的山名宗全）、畠山持永、一色教親和赤松貞村應該參加了。首先，他們決定將足利義教的嫡子千也茶丸立為將軍繼承人（日後的足利義勝）。不過千也茶丸年僅八歲，政務由管領細川持之代行。

接著各大名決定赦免之前被足利義教驅逐或者受處罰的人（《看聞日記》），但最大爭議點是對畠山持國的赦免。持國雖說失勢，但在河內仍保持著潛在勢力，若置之不理，幕府軍西去播磨（討伐赤松），京都就有危險。然而畠山持國恢復原有的地位，對於會議參加者畠山持永就不利了。與當年中華人民共和國加入聯合國的情況相似，這確實是個挺難處理的問題。

赦免持國之後如何對待他，根據現存的史料並不完全清楚。但是，仍未走到把眼前的持永廢掉、重新讓持國做家督這一步。

事實上，持國與持永的父親畠山滿家也曾惹足利義滿不高興，受到過禁閉處分。

赤松氏世系略圖（數字是就任總領的順序）

則村─則祐[1]─義則[2]─滿祐[3]─教康
　　　　　　　　　└義雅─時勝─政則[4]
則村└貞範─顯則─滿貞─貞村

因此，畠山基國去世後，嫡子畠山滿家未能繼承家督，而是由畠山滿慶來繼承。但在應永十五年（一四〇八）足利義滿逝去後，滿慶向滿家退位讓賢，此後滿慶作為滿家的左膀右臂十分活躍。或許大家也期待著持國與持永兄弟能像昔日的滿家與滿慶兄弟一樣實現和解吧。

然而，一手策劃將持國趕下臺的持永之母，以及畠山氏家臣遊佐勘解由左衛門尉和齋藤因幡入道，向河內持國之處派出刺客。暗殺以失敗告終，憤怒的畠山持國率軍上京，擺開陣勢。

細川持之大吃一驚，派遣使者去詢問持國的意圖。持國回答說「斷無反對幕府之

畠山氏世系略圖

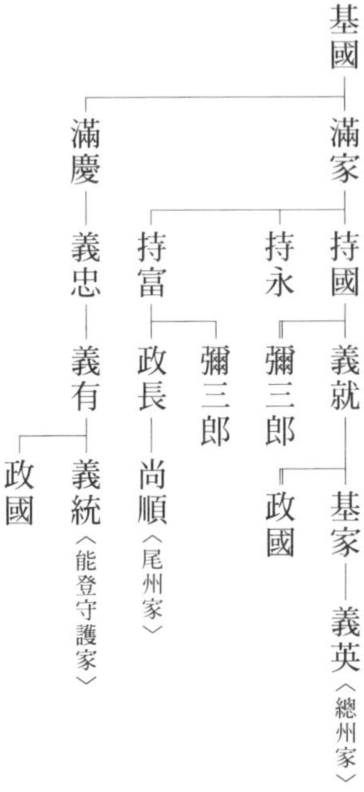

心，亦無殺害兄弟之意」，唯求遊佐勘解由左衛門尉和齋藤因幡入道二人切腹謝罪。畠山持永的家臣大半加入了河內持國的陣營，進退維谷的遊佐和齋藤於嘉吉元年七月四日拐帶持永逃出京都。跟隨者僅有五十騎而已（《建內記》）。就這樣，畠山持國恢復家督之位，大局已定。

當月十四日，越智維通的遺子春童丸（後來的越智家榮）暴動了。依據幕府的命令，越智氏的家督由同族楢原氏繼承，春童丸撕破這一決議，奪取家督之位。這一行動是與畠山持國合謀的結果（《大乘院日記目錄》）。

親眼見到被足利義教處罰的人紛紛復出，經覺也活動起來。十月二日，經覺從幽禁地寶壽寺出發上京，請求再任大乘院門主。幕府雖然允准他移住奈良近郊的己心寺，但拒絕讓他重新擔任門主（《大乘院日記目錄》）。

當月八日，經覺以「隱居」的身分移住己心寺，但他並不滿足。十一月十五日，經覺率領越智以下國民開進禪定院（平家南都燒討1之後，大乘院門主以禪定院為居住地），強行奪回門主之位。

對此事，萬里小路時房批判道：「如果經覺向幕府申請『把年少的尋尊當自己的弟子一樣養育』，問題本可以圓滿解決。現在依靠武力，顛覆幕府的決定，看來是智者千慮，必有一失。」（《建內記》）然而，這只是不知情的評論家的意見罷了。正因為經覺清楚，依靠一般的手段無法拿回門主之位，所以才動用武力。

可是，武力也會帶來副作用。經覺並沒有自己固有的軍事力量，於是借助了同被足利義教迫害的越智的力量。失勢之前的經覺在眾徒和國民相爭時，不曾格外關照任何一方特定勢力，從不曾跳出調停者的立場。但是，此番利用越智一派的軍事力量，就等於打上了親越智、反筒井的旗幟。經覺闖入紛爭的漩渦中，大和的政治局勢自此進入全新的階段。

筒井氏內訌

另一方面，大和永享之亂的勝者筒井氏發生了內亂。筒井氏的總領是成身院光宣所擁立的筒井順弘（光宣之兄），他對自己只是光宣的傀儡感到不滿，遂與光宣對立。然而在嘉吉元年（一四四一）十月五日，順弘敗於光宣，逃到了親戚立野氏那裡去（《大乘院日記目錄》）。

對於幕府而言，筒井氏是大和最值得信賴的武士。為了大和的局勢恢復安定，幕府希望早日解決筒井的內亂。幕府既沒有選擇順弘，也沒有選擇光宣，而是選中了第三人。這個人是順弘、光宣的弟弟，當時是京都相國寺的僧侶。十月八日，幕府立他為筒井氏的總領，任命其為官符眾徒。他就是筒井順永。光宣雖對此不滿，但為了與順弘對抗，便認可順永繼承家督之位（《大乘院日記目錄》）。

經覺以及越智、古市等反筒井勢力一看機會來了，便對筒井氏施加壓力。在兵庫津以南與澱川有五處關卡，稱為「河上五關」（兵庫、神崎、渡邊、禁野、澱），通關費的收入歸興福寺所有，但因為幕府任命筒井氏為河上五關的管理代官，通關費收入的大部分流入了筒井氏的荷包。這時候，擔任代官的是成身院光宣，經覺以其未向興福寺交納收入為由，要求幕府解除光宣的職務。但是嘉吉二年十一月一日，光宣率手下的親兵佔領了南都七大寺（興福寺、大安寺、藥師寺、西大寺、法隆寺、法華寺、清水寺），經覺不得不向光宣歸還代官一職。

然而，筒井順弘也對五關代官的職位垂涎欲滴。順弘與立野一族協力，準備進攻光宣所在的彌勒院；但在十一月十一日，順永和光宣反而向順弘據守的眉間寺（現在奈良市法蓮町的東大寺下屬寺院，位於奈良町以北的玄關位置）發動攻擊。順弘等人敗走，南山城（現在京都府南部）[2]的木津父子和狛下司（狛野莊下司狛氏）因未能等到順弘等人的救援，在般若寺坂（從木津經般若寺去東大寺北面的坡道）戰死。光宣一方的山村（古市氏一族）和郡山辰巳等戰死。

此後，山邊郡豐田賴英作為順弘一方北上，以鉗住岩井川之勢與光宣軍交戰不敵，被迫退去。取得勝利之後，光宣繼續擔任代官，並處罰了興福寺內七名順弘派成員。

次年，即嘉吉三年正月，筒井順弘在越智氏的幫助下進入筒井城。光宣與順永躲藏起來。但次月，順弘遭到同族和家臣們的背叛，慘遭殺害。這可能是光宣的計謀。於是光宣和順永回到了筒井城（《大乘院日記目錄》）。

如此，筒井順永和成身院光宣結束了筒井氏的分裂，對他們而言，真正的敵人就是統率反筒井勢力的經覺了。

經覺與光宣

嘉吉三年（一四四三）六月，經覺上京晉見將軍足利義勝。經覺復任大乘院門主一事得到了正式承認（《經覺私要鈔》）。

曾試圖從成身院光宣手中搶奪代官一職卻慘遭放逐的順弘派「七人團」，投靠了豐田賴英。當年九月，豐田賴英與古市胤仙等合作進攻奈良。經激烈戰鬥，奈良町陷入火海，光宣逃往筒井城。此後光宣轉移到河內。經覺把筒井氏庶子、與順永處於對立狀態的筒井實順送進了筒井城。

曾被光宣的威勢制伏的興福寺學侶、六方眾，見到豐田等人得勝，便彈劾光宣，沒收了其五關代官之職。經覺任命小泉重弘、豐田賴英和古市胤仙為官符眾徒的首領，命他們取代筒井順永，維持奈良治安。

事實上，這樣一系列動作的背後，有接替細川持之擔任管領的畠山持國的支持（《大乘院日記目錄》）。持國曾被足利義教鎮壓，在足利義教死於非命後復出，他對和自己境遇相似的經覺懷有親近感。畠山持國是經覺等反筒井勢力的積極後援。

次年，即嘉吉四年（二月五日改元文安）正月，傳言說光宣將會發動反擊，十九日，豐田賴英和古市胤仙向經覺請求：「為守護興福寺，應在鬼薗山築城。」鬼薗山就是現在奈良賓館所在的丘陵。對此經覺回覆說：「築城確為必要，但鬼薗山的位置在禪定院頭頂上，希望能在別處築城。」（《經覺私要鈔》）簡言之，經覺不願意處於被鬼薗山俯視的位置，這等同於窺伺經覺作為大乘院門主的自尊心。

當月二十一日，筒井順永、成身院光宣與筒井實順交戰，因家臣背叛，實順戰敗切腹而死。於是，光宣順利奪回了筒井城（《建內記》《經覺私要鈔》）。

經覺焦急萬分，在幕府的催促下發處罰綸旨[3]，經覺此前就已申請，這次終於拿到（《大乘院日記目錄》《建內記》《經覺私要鈔》）。所謂處罰綸旨，就是由天皇發佈的討伐命令，處罰光宣的綸旨發佈，等於說光宣成為朝敵，被視為亂臣賊子。

得勢的經覺於是命令眾徒與國民共十六人進攻筒井城。不僅如此，大乘院的北面（大乘院門主的護衛）也加入了戰鬥。然而二月二十六日，越智春童丸和小泉重弘等反筒井聯軍大敗，古市與豐田也撤回自己的城池（《大乘院日記目錄》《經覺私要鈔》）。

如此，光宣攻入南都已無可避免。經覺擔心光宣報復，於是決定躲起來。當月二十八日拂曉，經覺乘轎子逃往京都。因為擔心筒井一方襲擊，他讓加入北面的奈良武士護衛他前去。經覺最終抵達京都西郊的嵯峨教法院，這裡是經覺親屬的住處，很適合躲藏（《經覺私要鈔》）。

之後，反筒井勢力捲土重來，經覺於四月十九日重返禪定院。六月，經覺終於決定在鬼薗山築城。他招募奈良民夫數千人，構築了經覺的陣屋（住地）、六方眾的陣屋，以及小泉重弘、豐田賴英和古市胤仙的陣屋，各自儲存了糧食，準備了水桶。八月十日，經覺移住鬼薗山城，嚴陣以待。

尋尊與《大乘院寺社雜事記》

次年，即文安二年（一四四五）三月，細川勝元取代畠山持國就任管領，幕府於是失去了討伐光宣的興趣。當年九月，反筒井聯軍被筒井一方擊敗。經覺為不被筒井一方利用，放火燒了鬼薗山城，向奈良南部遙遠的葛上郡安位寺逃去。並且，經覺孜孜不倦記錄下的日記也大半被燒毀（《經覺私要鈔》）。因此很遺憾，《經覺私要鈔》文安以前的記錄幾乎都沒有留存下來。

成身院光宣再度在鬼薗山築城，並以此為據點。筒井順永再度成為官符眾徒的首領，光宣則重新就任五關的管理代官。處罰綸旨也被取消，反而下達了赦免綸旨（《大乘院日記目錄》）。

鬼薗山山腳下的禪定院運氣不錯，未被燒毀。在成就院躲避戰火的尋尊得以返回禪定院。尋尊曾被經覺奪去門主之位，如今總算如己所願，重新回到了掌控大乘院的位置。當時的尋尊年僅十六歲，正與經覺就任大乘院門主時同齡。

話雖如此，尋尊也有擔心的事情。與此前的歷任大乘院門主不同，尋尊並未接受過前任門主關於知識和儀程的親自教導。尋尊與經覺的關係十分疏遠，甚至連閱覽經覺的日記《經覺私要鈔》也不被允許。安田次郎認為，尋尊之所以要記錄一部從未見過的詳細日記——《大乘院寺社雜事記》，其原因正在於此。換言之，他要為自己，也為後人，寫作一部具有參考價值的記錄。

此後，筒井派與反筒井派仍舊爭鬥不斷，但筒井的霸權一直未動搖。文安四年四月，接受古市胤仙的邀請，經覺進入奈良南部近郊的迎福寺（《經覺私要鈔》）。筒井一方大為緊張，但經覺並沒有能夠顛覆以尋尊、光宣為核心的興福寺新體制的能力。

享德二年（一四五三）六月，反筒井派的中堅古市胤仙病逝。以此為契機，兩派趨向和解，享德三年十二月經覺與光宣會面了（《大乘院日記目錄》）。

這樣，看起來大和將迎來和平，但新的火種又在漸漸萌芽——畠山氏分裂了。

畠山氏的分裂

京都的武力衝突

畠山持國將弟弟畠山持富收作養子。持永的同母兄弟持富之所以不支持持永而支持持國，應該是受到了持國復出的影響。然而文安五年（一四四八）十一月，持國撤銷了這一決定，讓他原本計劃在石清水八幡宮寺出家的十二歲兒子元服，立他為繼承人。文安六年四月，他接受足利義成（後來改名義政，本書此後統稱義政）賜名，取名義夏（後改名義就，本書此後統稱義就）。寶德二年（一四五〇）畠山義就繼承家督之位，並獲得了幕府的承認。持富並未對兄長的違約做出反抗，於寶德四年病逝。

然而，由於畠山義就母親的身分過於低微，家臣中反對他繼承家督之位的不在少數。享德三年（一四五四）四月，重臣神保越中守等試圖擁立持富之子彌三郎的陰謀曝光。畠山持國令遊佐國助等進攻神保宅邸，神保父子戰死。椎名、土肥等神保的同謀逃出了京都（《師鄉記》）。

對於為何多數家臣背叛持國和義就，有多種說法。過去一般認為神保與遊佐兩位家臣之間存在爭鬥。但近年來，新的研究指出背叛的原因是持國的人事安排。畠山持國觸怒將軍足利義教之際，家臣們拋棄了他，他因此心懷憤恨。所以持國重用的是他敗往河內之時跟隨他的親近之臣，這就導致了跟隨他很久的畠山家重臣們的反對。將近十五年過去了，足利義教的恐怖政治仍然殘留著印記。

細川勝元像。龍安寺（京都府）藏

話雖如此，事態若就這麼發展下去，必將以畠山持國和義就的勝利告終。然而，彌三郎卻去尋求細川勝元的幫助。細川勝元覺得這是弱化對手畠山氏的絕佳機會，便將彌三郎藏在了自己的家臣磯谷四郎兵衛的宅邸裡。彌三郎派的家臣們各自逃出自己的宅邸成為牢人[4]，之後受到了山名宗全的庇護（《康富記》）。由於細川和山名這兩位重要大名都支持彌三郎，畠山氏的家臣們也如雪崩一般加入彌三郎派。

當年八月二十一日夜晚，彌三郎派牢人們襲擊了畠山持國的宅邸。畠山持國逃往同族畠山義忠的住處，義就則逃到遊佐國助那裡。二十二日，義就放火燒了遊佐宅邸，與遊佐國助和隅田左京亮一起逃出京都。二十八日，持國移居建仁寺西來院，表示從此隱居（《師鄉記》《康富記》）。

搖擺不定的足利義政

如前所述，此時的將軍是足利義政。嘉吉三年（一四四三），年僅十歲的將軍足利義勝病逝，義勝的弟弟三春（八歲）繼承將軍之位。文安六年（一四四九，七月二十八日改元寶德）四月，三春以十四歲之齡元服，被任命為征夷大將軍。他就是足利義政。

足利義政就任將軍之初，由管領代行政務，此後漸漸也開始發揮自己的政治意向。細川氏與山名氏聯合之後，畠山持國就與足利義政接近。因此，享德三年（一四五四）畠山氏家內爆發騷動時，足利義政支持持國和義就，應持國的要求下發了討伐彌三郎的命令。

但是，足利義政對持國和義就的支援並不徹底。八月二十一日爆發武力衝突時，將軍僅僅命令諸位大名守護自己的御所而已。二十八日持國隱居，足利義政與彌三郎會面，認可他繼承畠山氏家督之位。此外，他還撤回了討伐彌三郎的命令（《師鄉記》

《康富記》）。足利義政傾向於隨波逐流，他的優柔寡斷讓混亂的局勢更加不可收拾。

話雖如此，自己支持的畠山義就失敗了，足利義政絕非心甘情願。九月十日，持國從西來院回到自己的宅邸，認可彌三郎繼承家督，四日後，足利義政命細川勝元處死了曾經庇護彌三郎的磯谷（《師鄉記》《康富記》）。

細川勝元對足利義政的處置不滿，向將軍遞交了管領的辭呈。當時，若考慮門第與政治經驗，能擔任管領者的，無人出細川勝元之右。慌了神的足利義政親往勝元宅邸勸其留任。

足利義政畫像。東京國立博物館藏

這樣一來，足利義政的矛頭就對準山名宗全了。足利義政當時的親信是赤松氏同族的有馬元家，這也影響了他的行動（《齋藤基恒日記》）。此前的赤松滿祐討伐戰中，山名宗全立了大功，吞併了赤松氏領地的大半，他就是赤松氏的仇敵。十一月二日，足利義政突然召集諸位大名，命令他們討伐山名宗全。經細川勝元調停，討伐中止，宗全將家督之位讓與嫡子山名教豐，前往自己的領地但馬隱居（《康富記》）。

山名宗全已不在京都，足利義政便

山名氏世系略圖

- 時氏
  - 師義—氏之—熙之—教之
    - 豐之（伯耆山名氏）
    - 豐氏
  - 義理—義清—教清—政清（石見、美作守護）
  - 時義—時熙—持豐（宗全）
    - 教豐—政豐—俊豐
    - 是豐
  - 高義—熙高
    - 熙幸＝豐氏（因幡山名氏）
    - 熙成

把畠山義就叫了回來。義就率五六百騎意氣風發地勝利而歸。彌三郎失勢（《師鄉記》《康富記》）。畠山持國於次年，即享德四年三月去世。足利義政這一連串的舉動雖然可以說是對細川和山名的反擊，但不可否認的是，這讓畠山氏的內部糾紛更加複雜了。

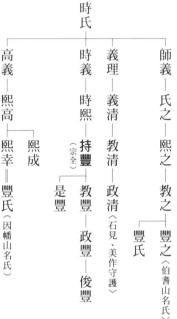

擁立畠山政長

畠山彌三郎逃到了大和，這是因為曾經讓畠山持國嘗到苦頭的成身院光宣在那裡。由於光宣接收彌三郎，大和再起戰亂。享德四年（一四五五）七月，為討伐彌三郎，畠山義就入侵大和，彌三郎大敗；八月，筒井順永和箸尾宗信敗走，光宣捨棄鬼薗山城躲藏起來，鬼薗山城遭到破壞（《大乘院寺社雜事記》）。於是，越智和古市等義就派又重回舞臺。

光宣的沒落對於興福寺而言也是一個危機，不過大乘院尋尊與一乘院教玄聯合，強化與幕府的關係，捍衛興福寺的權益。已經隱居的經覺此刻只能旁觀。

這時，細川勝元的動作過於遲鈍。因為細川勝元此時的緊要問題是幫助岳父兼盟友的山名宗全獲得赦免，若公然支援彌三郎，恐怕會惹得足利義政不悅。

長祿二年（一四五八）六月，在細川勝元的努力之下，足利義政赦免山名宗全，宗全於八月上京（《在盛卿記》）。但作為他回歸政壇的交換條件，山名宗全不得不認可赤松氏的再興。宗全最終帶著不滿接受，他開始對細川勝元產生不信任感。

另一方面，畠山義就自稱奉將軍命令，在南山城、大和擴大自己的勢力。從畠山義就的角度來看，這是他對抗細川勝元和彌三郎的自衛措施，但在足利義政眼中就是招致無意義混亂的行為。

長祿三年正月，足利義政的乳母、支持義就的今參局被誅殺，義就面臨的局勢愈發困難。當年五月，在細川勝元的斡旋下，成身院光宣、筒井順永和箸尾宗信被赦免（《大乘院寺社雜事記》）。七月，畠山彌三郎也被赦免，但上京之後很快就去世了。光宣於是擁立彌三郎之弟彌二郎（日後的政長）（《大乘院日記目錄》），由此成了與畠山氏家督問題密切相關的人，日後也無法脫身。大和的混亂因為與畠山氏內訌扯上了關係，從此就一天一天地擴大了。

大名之間的合縱連橫

越前的長祿之戰

在古市迎福寺隱居的經覺從大乘院尋尊那裡獲得了很多莊園，依靠莊園的收入，過著富足的生活。其中一處重要莊園是越前國河口莊的細呂宜鄉下方。河口莊（今福井縣蘆原市、坂井市）是九頭龍川下游的大乘院領屬莊園，其中的一部分給了經覺。

經覺將細呂宜鄉下方的經營交給了越前守護代甲斐常治，這就是「守護請」[5]。但甲斐常治自己也並不會到細呂宜鄉去住，而是將當地的管理交給了代官甲斐八郎五郎。經覺時不時派遣親信楠葉元次去越前，與甲斐交涉。元次的奔走讓田租收取得比較順利，一直能送到經覺那裡。

但到了長祿二年（一四五八）七月，情況大變。越前守護斯波義敏與甲斐常治之間爆發戰鬥。起初甲斐一方處於優勢，但八月七日義敏一方的堀江利真從京都趕到越前，義敏一方重振氣勢，十一日甲斐一方的敦賀代官大谷將監切腹。

九月十四日，楠葉元次從越前回到奈良。因為甲斐一方戰敗，甲斐八郎五郎逃往加賀國，田租沒能收上來。當月十六日，尋尊前來拜訪經覺，河口莊諸鄉的公文和政所（當地的管理人員）因為甲斐一方的敗北全都沒了蹤影，於是他來尋求善後之策。具體來說，就是河內莊的名主和百姓請求「在斯波義敏一方打進來之前，希望興福寺大乘院能派遣代官過來」，尋尊就此前來商討回覆之法。經覺回答說：「應立刻派遣代官。」

河口莊的諸鄉此前委任給甲斐一方代為管理，這之後就改為興福寺大乘院直接管理，這就叫「直務（直轄）」。尋尊立即去遊說幕府，獲得了幕府對興福寺直轄的許可（《大乘院寺社雜事記》《經覺私要鈔》）。

然而，當興福寺派遣的使者手持幕府的命令書去越前時，實際控制越前北部的堀江利真拒絕了他。「若無斯波義敏大人的命令，河口莊的直轄代官不可入內。」這是尋尊和經覺意想不到的。

斯波義敏一方之所以不遵守幕府命令，是因為在此番戰事中，將軍足利義政支持甲斐一方。越前守護代甲斐常治是越前守護斯波義敏的家臣，家臣與主君兵戎相見，無論理由如何，都是謀反。但即便如此，足利義政也支持甲斐。

這是因為甲斐氏所處的位置特殊。甲斐氏雖是斯波氏的家臣，卻時常不經斯波氏，而直接從將軍那裡接受命令。因此，甲斐氏得到的是近乎將軍直臣的待遇。室町幕府創立之初，斯波氏在足利一門中，門第和實力僅次於將軍家，因而歷代將軍都重用甲斐氏，以此監視、牽制斯波氏。

足利義政當然也不例外。足利義政的目標是重拾將軍權力，遂不遺餘力地削減大守護的實力。對畠山氏，他煽動家督之爭；對山名氏，他使其宿敵赤松氏重生；對斯波氏，他則支援甲斐氏。

尋尊和經覺無可奈何，只能在河口莊的十鄉之中，對五鄉採用直轄的方式，其餘五鄉以守護請的方式，總算達成了妥協（《大乘院寺社雜事記》《經覺私要鈔》）。此後，斯波義敏與甲斐常治的爭端日趨激烈，田租的收繳也愈發困難。這對於大乘院而言無疑不是好事，但對擅長外交的經覺而言，卻成了回歸政治舞臺的良機。

河鍋之戰

長祿四年（寬正元年，一四六〇）九月十六日，幕府政所執事6、足利義政的親信伊勢貞親召來了畠山義就的家臣遊佐彈正和譽田祥榮，命令義就隱居，義就的猶子畠山政國繼承家督之位（《長祿四年記》）。這應該是足利義政煞費苦心想出來的保全義就和政長雙方面子的折衷方案。

然而當月二十日，畠山義就在前往河內之際放火燒了京都家臣們的宅邸，以此向足利義政明白表達自己的不滿。就像是交換一樣，筒井軍上京（《大乘院寺社雜事記》）。足利義政對義就的行為憤怒不已，遂讓畠山政長做了畠山氏家督。

當年閏九月三日，足利義政命令管領細川勝元以下各位大名及畿內周邊的主要武士討伐畠山義就。但是，大軍將畠山義就包圍，使其不出河內之後，並沒有主動攻擊義就一方的興趣。此外，給大和各勢力的出兵命令由細川勝元透過成身院光宣下發院光宣（《大乘院寺社雜事記》）。無疑，推進本次家督交替與義就討伐的正是細川勝元、成身院光宣。

當月九日，畠山政長從京都前往奈良。成身院光宣為他安排了住處，筒井順永前往迎接。好奇心旺盛的經覺前去觀看了他們的軍陣（《大乘院寺社雜事記》《經覺私要鈔》）。當月十日、十一日，畠山政長的部隊侵入大和國宇智郡，攻打牧野城。政長本人沒有隨軍出征，而是留在奈良（《大乘院寺社雜事記》。《經覺私要》）從這裡能夠看出畠山政長的性格比較穩重。

當月十四日，畠山政長一方在宇智郡取勝，義就一方從宇智郡撤退（《大乘院寺社雜事記》）。宇智郡與義就的老巢河內相鄰，佔領宇智郡意味著政長一方控制住了進攻河內的交通線。

當月十六日，畠山政長進攻河內，與成身院光宣等一同將軍陣移到大和國龍田城（今奈良縣生駒郡斑鳩町龍田南）。處罰義就的綸旨也已下發。但是，畠山政長一方卻在這裡停滯不前。這是因為兵力並未如預想一般集結過來。越智、番條、小泉、萬歲等表示「曾受畠山義就的大恩，無法背叛他」，拒絕協助政長。依據《大乘院寺社雜事記》畠山政長的兵力只有二三十騎，步兵三百；依據《大乘院寺社雜事記》則是一百騎。經覺嘲笑說：「畠山政長只有這點兵力，單憑幕府的威望就想和畠山義就的大軍決戰，簡直可悲。」政長一方在紀伊方面佔優勢，但紀州武士對進攻河內十分消極，無法指望他們。

畠山義就在人數上領先，並不在河內據守，而是轉守為攻，積極進攻政長一方。十月十日拂曉，越智家榮等率兵五百，進攻政長所據的龍田城，另一支兵力則進攻平群郡嶋氏的城池。這時的成身院光宣本來正不慌不忙地去禪定院泡澡，因為接到筒井城的筒井順永的急報，未等入浴便飛奔而逃。

筒井氏不知敵人虛實，未敢輕舉妄動，不過倒因此撿了便宜。筒井順永手下五十人與成身院光宣的部卒從正進攻龍田城的義就軍背後發動襲擊，偶然形成了夾擊之勢。義就一方的越智家國和越智彥三郎等戰死，殘兵三百人逃往河鍋山（神奈備山，奈良縣生駒郡斑鳩町神南三室山的別稱），政長一方乘勝追擊，遊佐國助、譽田金寶、譽田祥榮和甲斐莊等義就一方主將戰死。進攻嶋城的分隊也敗退了（《大乘院寺社雜事記》《經覺私要鈔》）。

畠山義就本人在信貴山佈陣，但聽說前鋒軍戰敗後就撤退了。十一日，筒井、十市等政長一方侵入河內。尋尊的日記中記載了「一向筒井高名」這樣一句。與其說是由於筒井的奮戰，不如說是處於優勢地位的畠山義就驕兵而敗，總之無論如何，大和的畠山義就一方勢力被一掃而空。

臥薪嘗膽的畠山義就與焦躁的斯波義廉

畠山義就據守南河內嶽山城（位於今大阪府富田林市）。義就的抵抗非常頑強，縱然幕府投入細川勝元同族的細川成之、山名宗全之子山名是豐等眾多武將，戰況卻並

斯波氏世系略圖

高經─┬─義將─義教─┬─義淳─義鏡（澀川）─義廉
　　　│　　　　　　　└─義鄉─義健＝義敏─義寬〈武衛家〉
　　　└─義種─滿種─持種─義敏〈大野斯波氏〉

不順利。這是因為幕府軍戰意低迷。

最終，竭力奮戰的只有成身院光宣、筒井順永、箸尾宗信等大和國武士。光宣與順永終日往返大和興福寺與河內嶽山之間。寬正三年（一四六二）五月，筒井順永攻克嶽山城的支城金胎寺城（《大乘院寺社雜事記》《經覺私要鈔》）。寬正四年四月十五日，光宣使計，嶽山城陷落，義就逃往高野山（《大乘院日記目錄》《經覺私要鈔》）。之後光宣等繼續追擊義就，畠山義就被迫逃到吉野。

寬正四年八月，足利義政的生母日野重子逝去，十一月舉行了百日供養法會[7]。藉著這個機會，足利義政大赦罪人，畠山義就也得以赦免。雖說如此，畠山政長依然是家督，因此畠山義就繼續在吉野深處的天川潛伏（《大乘院日記目錄》）。在經濟上支援著不得意的畠山義就的是越智家榮（《大乘院寺社雜事記》）。另一方面，筒井順永將女兒嫁給畠山政長家臣、河內守護代遊佐長直，在政長那邊頗費心力。

此時，斯波義敏也與畠山義就一同被赦免了。斯波義敏於長祿三年（一四五九）

五月敗於甲斐常治，投靠周防的大內教弘去了。他的斯波氏家督之位也被足利義政剝奪。但是，因寬正四年的大赦，他的罪得以赦免。這是他的親戚伊勢貞親在將軍面前說情之故。

已成為斯波氏新家督的斯波義廉聞訊大為震驚。義廉是澀川義鏡之子，得到斯波氏重臣甲斐敏光（甲斐常治之子）、朝倉孝景等的支持，做了斯波氏的養子。伊勢貞親等足利義政的親信謀劃讓斯波義敏重返家督之位，這對義廉而言是個巨大威脅。因此，義廉娶了山名宗全的女兒，與山名氏聯姻，以此來和斯波義敏對抗。山名宗全敵視那些試圖復興赤松氏的足利義政的親信，所以對於山名宗全而言，這樁婚事頗有好處。

斯波義廉還在摸索與畠山義就的合作關係。寬正六年十一月，畠山義就在天川興兵，朝倉孝景向義就贈送馬與太刀，以示祝賀（《大乘院寺社雜事記》《經覺私要鈔》）。到這時候，斯波義敏回歸家督之位的可能性越來越大。對於斯波義廉而言，他極力想爭取更多的盟友，這令他十分焦急。

文正政變

寬正五年（一四六四）十二月，足利義政的弟弟淨土寺義尋還俗，改名足利義視。足利義政沒有男嗣，於是想讓弟弟做自己的繼承人。然而，就在寬正六年十一月足利義視元服後不久，足利義政的兒子（日後的足利義尚，以後統一稱為足利義尚）就出生了。於是，事情變得複雜起來。足利義政試圖採用義視、義尚這樣一個繼承順序來解決矛盾，但當時的幕府政治，絕非足利義政一聲號令就能起作用的。

這時候的幕府有三股政治勢力。第一是以伊勢貞親為中心的足利義政親信集團。伊勢貞親是足利義尚的乳父（撫養人），反對足利義視出任將軍。他的願望是足利義政繼續作為將軍執政，待義尚長成，再讓他繼承大位。

再者，雖然一般認為日野富子期望自己的兒子出任將軍，因而計畫將足利義視排除出去，但足利義視的妻子是日野富子的妹妹，兩人的關係並不一定那麼糟。日野富子的態度是，如果足利義視只是做義尚成年之前的過渡將軍的話，她就給予足利義視支持。這時日野富子與伊勢貞親的意見並不一致。

此外，足利義政的親信們是斯波義敏重回政壇的後援。究竟為何如此呢，家永遵嗣認為緣由是足利義政、伊勢貞親關東政策的轉變。也就是說，若要強行推進對關東足利成氏的討伐，對奧州武士們影響很大的斯波義敏是不可或缺的。但正如末柄豐近年來所指出的，關東政策並非主要原因，真正的焦點是管領的人選。既非細川派，又非山名派的管領候補人選，除了斯波義敏，就沒有第二個人了。

幕府的第二股政治勢力是以山名宗全為首的集團。山名宗全與支持赤松政則的足利義政親信集團為敵，他期望足利義視就任將軍，足利義政從政界引退。此外，他計畫將自己的女婿斯波義廉推上管領的位置（具備擔任管領資格的只有斯波、細川、畠山三家）。

第三股政治勢力是細川勝元集團。細川勝元已將管領之職讓與畠山政長，但政長是依靠細川勝元的支持才成為家督的，所以他也處於細川勝元的影響之下。細川勝元的政治立場是伊勢貞親與山名宗全的中間路線。勝元不認為有必要將足利義視排除出去，但同時也無意讓足利義政隱居。既不是足利義政、足利義尚這樣的伊勢路線，也不是足利義政、足利義視這樣的山名路線，他真正的態度是維持足利義政、足利義視、足利義尚這一原本的既定路線。這可以說是代代走穩健中道路線的細川氏特有的政權構想。

正如前面所看到的，足利義政剛發出討伐命令就赦免眾人，甚至改換家督，行為反覆無常。足利義政三番兩次推翻自己的決定，毫無疑問將造成政治和社會的混亂，連尋尊也在《大乘院寺社雜事記》中時不時對他批判一番。但是，朝令夕改的原因並不僅僅是足利義政反覆無常、容易受周圍意見影響的性格，更本質的原因是三股政治勢力之間的互相碰撞。

伊勢、山名、細川，終於，三足鼎立瓦解的時候到來了。文正元年（一四六六，寬正七年二月二十八日改元）七月，基於伊勢貞親及禪僧季瓊真蘂[8]等親信的申請，足利義政廢除斯波義廉的家督之位，改換義敏為家督。而山名宗全則與一色義直、土岐成賴等支持義廉。此外，伊勢貞親還赦免了與細川勝元對立的大內政弘，勝元大為不滿，請求隱居（《大乘院寺社雜事記》）。

尋尊聽信從光宣那裡得到的樂觀情報，認為改義敏為家督並不會生出多大波瀾，根本不值一提。然而與朝倉孝景保持聯絡的經覺則預測，山名宗全等絕不會就此善罷甘休。八月，足利義政命令山名宗全的女兒與斯波義廉解除婚姻關係（《蔭涼軒日錄》）山名宗全等從領國召集軍隊，京都立即情勢緊張（《大乘院日記目錄》）。

這時，畠山義就出動了。奈良瘋傳義就上京的消息，光宣等大驚。八月二十五日，足利義政任命斯波義敏為越前、尾張、遠江守護（《蔭涼軒日錄》）。正是這一天，畠山義就從天川出發，進軍壺坂寺（位於今奈良縣高市郡高取町壺阪）（《大乘院寺社雜事記》）。

一般解釋說，畠山義就的這些行動是為了與山名宗全的軍事行動相呼應。然而若從時機上來看，倒不如說與伊勢貞親等足利義政親信的合作進入了畠山義就的視野。此前足利義政親信集團就與畠山義就周圍的人有接觸，在成功讓斯波義敏復位之後，接下來可能就要拉攏畠山義就了。畠山義就的目的應該就在於此。

總之，伊勢貞親的意圖是將反山名的斯波義敏、赤松政則，反細川的畠山義就、大內政弘整合到一起，來與山名、細川對抗。史書上大多將這時的局勢描述為將軍親信與諸位大名的對決，伊勢貞親的陰謀只能被稱為愚蠢，但這麼看來，伊勢貞親其實有十足的勝算。

但是，伊勢貞親也有失算之處。在畠山義就和大內政弘上京之前，山名與細川達成了同盟。九月五日夜，足利義政輕信伊勢貞親「義視疑謀反」的讒言，意欲誅殺足利義視。足利義視遂向山名宗全和細川勝元尋求幫助。六日，因山名、細川等各位大名抗議，伊勢貞親、季瓊真蘂和斯波義敏等下臺（《後法興院記》《大乘院寺社雜事記》《經覺私要鈔》）。這就是文正政變。

文正政變後，進入細川勝元宅邸的足利義視作為事實上的將軍處理政務，山名宗全與細川勝元兩位大大名作為「大名頭」對其提供支援，臨時政權得以設立（《大乘院寺社雜事記》）。然而十一日，足利義政起誓絕無傷害足利義視之意，於是足利義視在細川勝元的護衛之下返回自己的宅邸，勝元等各大名也向足利義政宣誓效忠（《後法興院記》《大乘院寺社雜事記》）。足利義政將全部罪名轉嫁給自己的親信們，就這樣重返政壇了。各大名決議，不僅要放逐伊勢貞親本人，還將其弟貞藤、嫡子貞宗等伊勢同族一併驅逐（《經覺私要鈔》）。

就當時狀況判斷，說服眾大名，成功讓足利義政復出的是細川勝元。這讓擁護義視就任將軍的山名宗全的想法落了空。對於長期擔任管領，左右著幕府政治的細川勝元而言，他的政治手腕要比山名宗全高明得多。如今，伊勢貞親這個共同的敵人已經消失，持有不同政治設想的細川勝元和山名宗全之間的衝突也就不可避免了。

畠山義就上京

讓我們再來看看畠山義就的動向。畠山義就於九月二日從壺坂寺出發，進入河內金胎寺城。義就向烏帽子形城（位於現大阪府河內長野市喜多町烏帽子形山）發起進攻，三日晚將其攻克。為遏制義就得勝的勢頭，管領畠山政長派遣重臣遊佐長直到河內（《大乘院寺社雜事記》《經覺私要鈔》）。

如前所述，伊勢貞親在文正政變中下臺，細川勝元不願政變繼續擴大，遂開始收拾殘局。勝元禁止筒井順永與義就一方交戰，試圖讓河內局勢恢復平靜。然而順永十分不滿細川勝元的決定，為協商此事而上京（《經覺私要鈔》）。

知曉這一情況之後，尋尊在日記中寫下了他願望式的觀察記錄：「順永上京（離開大和），說明河內的局勢還不太糟糕吧。」另一方面，透過古市胤榮（古市胤仙之子）瞭解了義就一方動向的經覺則說：「河內武士多追隨義就一方。」他判斷局勢對義就有利。

遊佐長直軍在深田和廣川（今大阪府南河內郡河南町弘川）佈陣，九月十五日遭到了義就軍的攻擊。十七日，兩陣均被突破，畠山政長一方的嶽山城也失守了。同時，政長一方的布施、高田攻入越智家榮轄地內，被越智擊退（《經覺私要鈔》）。

然而畠山義就並未上京，而是進攻布施與高田，擴大在大和的勢力範圍。因為與伊勢貞親等的合作設想化為泡影，回歸京都政壇的希望也就破滅了。所以，畠山義就尊重越智家榮的意願，決定致力於掃除大和的反越智勢力。當月二十七日，光宣上京，向細川勝元和畠山政長求援（《大乘院寺社雜事記》）。

十月以後，大和、河內兩畠山氏將展開大決戰的機率大增。尋尊這樣記述了兩大陣營的構成（《大乘院寺社雜事記》）。大和的義就一方勢力有越智家榮、吐田、曾我、高田、小泉、高山、萬歲、岡等。細川勝元為擊退義就，命畠山政長、京極持清、山名教豐等出兵。大和的政長一方勢力有筒井順永、成身院光宣、箸尾宗信、布施、高田、多武峰等。而且，還有很多不規矩的人同時與兩派交好，伺機而動，意圖藉機侵佔興福寺領屬莊園。尋尊為此煩擾不已。

十月十六日，畠山義就、越智家榮用柴填埋布施城的壕溝，突入城內，布施城被攻陷。高田也捨棄高田城逃走，義就一方的曾我將其攻佔。戰敗的布施與高田逃亡箸尾城，筒井順永也進入了箸尾城（《大乘院寺社雜事記》《經覺私要鈔》）。取得一定戰果之後，畠山義就撤回了河內。

十一月，在謹守中立的大乘院一方國民十市遠清的斡旋之下，筒井派（政長派）與越智派（義就派）議和。尋尊對此十分歡迎。「無論對興福寺或者對大和都是件好事。」

插一句話，對這樣的戰況，經覺與尋尊的記錄方式是完全相反的。經覺對瞬息萬變的戰況的記載可以說事無鉅細。他把從古市胤榮那裡聽來的情況一五一十地記載下來，內容活靈活現。相反，尋尊將資訊做了一番整理，整體上採取俯瞰的態度。經覺宛如戰場親歷者一般，尋尊則與戰亂保持著一段距離。記錄者的個性差異躍然紙上。

大和與河內的議和之所以能夠順利進行，是因為文正政變之後的政壇動盪被細川勝元巧妙地處理了。畠山義就的軍事行動原本就是打算趁著京都的政局變動而實施的，既然政局已經趨於平靜，他就只能收手了。細川勝元也沒有再開戰端、討伐義就的意向。

但是，山名宗全的想法截然不同，他對幕府以細川勝元為中心運營的現狀並不滿意。於是，山名宗全開始注意畠山義就。他心想，若將義就拉攏過來，事態或可挽回。

如前所述，山名宗全的女婿斯波義廉，在文正政變以前就和畠山義就有交往。山名宗全私下裡也應該和義就有過接觸。但就文正元年（一四六六）八月古市胤榮應斯波義廉請求出兵時，筒井順永處也被派遣了援軍這一情況來看（《經覺私要鈔》），在政變之前，支持山名派與協助義就（反畠山政長派）並不能直接劃等號。筆者對目前盛行的山名宗全、斯波義廉與畠山義就的合作在寬正年間（一四六〇－一四六六）就已經成立的說法抱持疑問。

細川勝元既然已經是畠山政長的後盾，那麼就意味著與畠山義就聯手的山名宗全，將與有著二十年交情、同時也是自己女婿的細川勝元決裂。在文正政變中，正是因為勝元與宗全攜手，他們才成功地將伊勢貞親趕下臺。正當此時，山名宗全的養女、勝元的妻子發現有了身孕。雖說只能跟隨在細川勝元身後，但對於山名宗全而言，以勝元盟友的身分參與幕府政治是最為安全的。然而，山名宗全已決意奪取政權。他召畠山義就上京，十二月二十四日，畠山義就在沒有取得足利義政許可的情況下，從河內前往京都（《大乘院寺社雜事記》）。應仁之亂已經迫在眉睫，不過在這個時候，還無人預料到這一點。

1 治承．壽永內亂（俗稱「源平合戰」）期間，平清盛之子平重衡討伐興福寺，興福寺、東大寺等一度失火燒毀。

2 現在的京都府由山城國、丹後國及丹波國一部分組成，南山城即山城國南部，也就是今天的京都府南部，與奈良縣接壤的地區。

3 奉天皇意向，由天皇近臣發佈的命令文書。日本中世的命令文書最常見的形態被稱為「奉書」，即由下位的近臣奉高位者之命發佈的文書。綸旨是奉書的一種。

4 失去領地、俸祿的人。

5 由守護代收莊園領主或知行國主的田租收入。

6 政所是中世權門（公家、武家、寺社）普遍設立的政務管理機構，室町幕府亦設立政所。政所執事即政所的長官，足利家政務的管理者。

7 死者死去一百天時舉行的追薦法會。

8 禪僧，蔭涼軒主。蔭涼軒為相國寺鹿苑院內的寮舍，蔭涼軒主為將軍與五山禪林管理者（鹿苑僧錄）的聯絡人員，是將軍的親信禪僧，在政治、外交等多領域為將軍擔當顧問。

第三章 大亂爆發

軍事政變
短期決戰戰略的破產
戰法的變化

軍事政變

御靈之戰

文正元年（一四六六）十二月二十六日，畠山義就率軍上京，在京都北部的千本釋迦堂（大報恩寺）佈陣。義就的背後，是山名宗全與斯波義廉。畠山政長為與義就對抗，在宅邸四圍構築矢倉（見一一二頁），與赤松政則、六角政高一同據守。此外細川勝元和京極持清也支援政長（《大乘院寺社雜事記》《經覺私要鈔》）。

將軍足利義政對畠山義就擅自上京十分憤怒，遂支持畠山政長。文正二年正月初一，管領畠山政長前往將軍御所（花之御所），向足利義政進獻了垸飯。所謂進獻垸飯，是家臣為主君進獻膳食、招待主君的儀式。每年初一，室町幕府首席家臣，即管領會為將軍安排垸飯。政長負責垸飯事宜，意味著足利義政對畠山政長的信任。但是，因為要對畠山義就一方的活動保持警戒，畠山政長與細川勝元軍沿路設置了警衛（《後法興院記》）。

然而正月初二，足利義政中止了前去畠山政長宅邸的「御成」，在將軍御所與畠山義就會面（《齋藤親基日記》）。所謂御成，是對貴人外出的尊稱，在室町時代主要指將軍的外出。

每年正月初二，將軍駕臨管領宅邸接受宴會招待，這是幕府的固定活動，被稱作

「御成始」。對畠山政長而言，迎接將軍駕臨是昭示自己與將軍親密關係的絕佳機會，如此突然中止，對政長實在是很大的打擊。尋尊對此大吃一驚，覺得足利義政「扶持雙方」（向政長和義就雙方都示好），實在是無節操（《大乘院寺社雜事記》）。

正月五日這一天，是每年將軍拜訪畠山宅邸的日子。然而足利義政卻沒有去畠山政長那裡，而是去了畠山義就處。因為畠山宅邸處於政長的控制之下，義就借用山名宗全的宅邸迎接了足利義政（《後法興院記》《齋藤親基日記》）。足利義視與各大名也隨行而往，沒有一同前去的只有畠山政長、細川勝元和京極持清而已（《大乘院寺社雜事記》）。

六日，足利義政罷免畠山政長的管領職位，命令他將宅邸讓給義就（《大乘院寺社雜事記》《齋藤親基日記》）。並且，成身院光宣在知曉政長的不利形勢後，率部從奈良上京（《經覺私要鈔》）。但到了八日，斯波義廉被任命為管領，十一日新管領斯波義廉走馬上任（《後法興院記》《大乘院寺社雜事記》《經覺私要鈔》）。

起初支持畠山政長的足利義政突然轉向畠山義就一邊，想必是發現了義就上京後山名一方的軍事力量佔上風吧。於是十五日，畠山政長、細川勝元、京極持清、赤松政則等湧向將軍御所，逼迫足利義政下達討伐畠山義就的命令（這種各大名脅迫將軍的行為被稱作「御所卷」）。然而，這一企圖被山名宗全的養女、勝元的夫人洩露給了山名一方，山名宗全、斯波義廉和畠山義就以警衛為名佔領將軍御所（《經覺私要鈔》）。山名宗全等以武力將政局的主導權掌握在自己手裡，等於發動了軍事政變。於

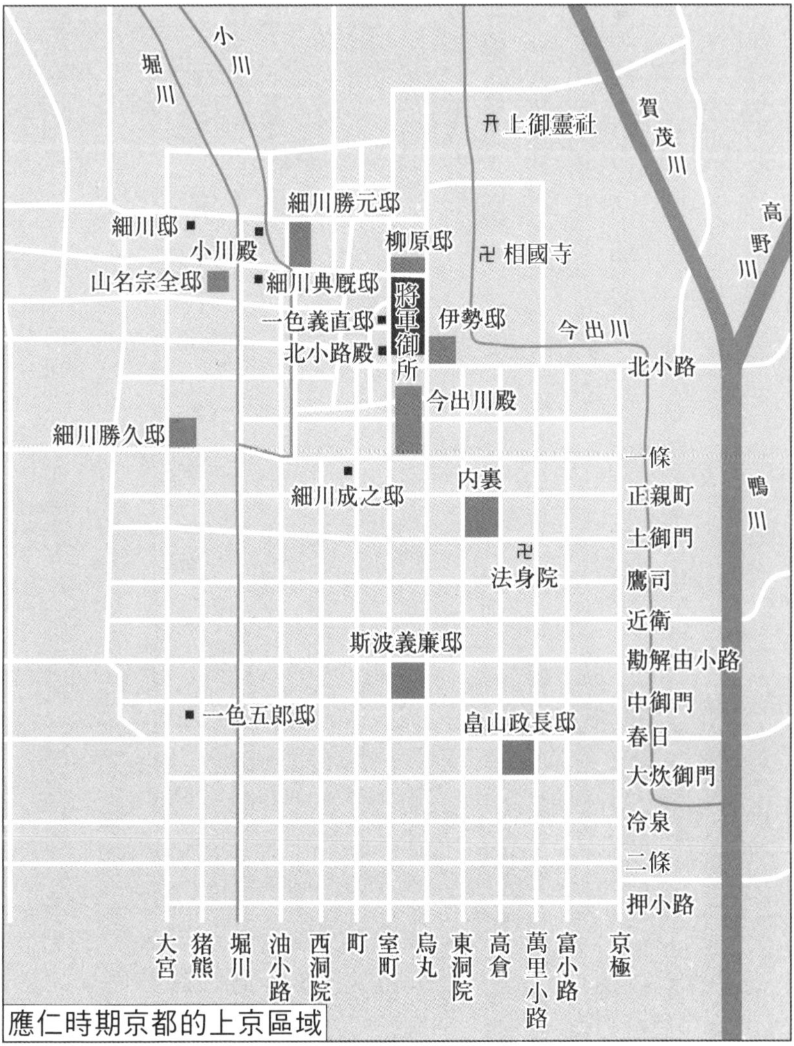

應仁時期京都的上京區域

引自今谷明《日本的歷史》卷 9《日本國王和土民》，一部分有修改

是細川勝元謀劃擁立足利義視，其意圖也被山名宗全掌握，十六日，山名宗全將足利義視等足利同族轉移到將軍御所（《大乘院寺社雜事記》《經覺私要鈔》）。

山名一方判斷，失勢的畠山政長必將逃出京都。正如第二章所介紹的，失去將軍信任的大名一般慣例是回到領國禁閉。但是政長卻於十七日夜縱火燒毀自家宅邸，北上經糺河原（賀茂川與高野川匯合處的平原，又稱「鴨河原」），於十八日拂曉在御所東北的上御靈社（現在的御靈神社）佈陣。從糺河原向東，假裝出京，實則西進佈陣，呈窺伺將軍御所之勢。京極持清在將軍御所南、細川勝元在將軍御所西佈陣，把山名宗全等據守的將軍御所包圍起來（《後法興院記》《大乘院寺社雜事記》《經覺私要鈔》）。

足利義政擔心捲入戰事，命令山名和細川不得軍事介入兩畠山氏的爭鬥，試圖讓事情以義就和政長一對一結束（《大乘院寺社雜事記》《經覺私要鈔》）。足利義政打算靜觀其變，支持勝方的態度與牆頭草無異，在目前為止的畠山氏內訌中，足利義政基本只支持處於優勢的一方。這麼說或許有些諷刺，但足利義政一以貫之的原則就是，根據形勢的變化不停轉換自己的方針。依靠某種靈活性，足利義政勉強避免畠山氏內訌失控，這一次，他大概仍然想繼續保持局外中立，以此防止戰亂擴大吧。

十八日傍晚，畠山義就的軍隊朝著畠山政長佈陣的上御靈社湧來（《後法興院記》）。細川勝元聽從足利義政的命令，未發兵援助政長。然而，山名宗全和斯波義廉卻發兵相助義就，好似對勝元的迂腐報以嘲笑一般（《大乘院寺社雜事記》）。畠山政長

上御靈社，現在正式名稱是御靈神社。

戰敗，依光宣計，藏入勝元宅邸（《大乘院日記目錄》）。山名一方未能掌握政長的行蹤（《經覺私要鈔》）。

山名宗全順利奪取了政權。二十三日，他透過幕府奉行人飯尾為數，命令大乘院（尋尊）、一乘院（教玄）搜捕畠山政長及其家臣（《大乘院寺社雜事記》）。然而，山名宗全發兵援助義就為日後的政權留下了禍根，並讓細川勝元痛恨不已。因為山名軍參戰，細川勝元就成了拋棄盟友政長的人，風評大減（《大乘院寺社雜事記》）。這不僅是傷了細川勝元自尊心的問題，也是關乎勝元作為派閥領袖立場的問題，細川勝元必須以某種方式洗刷污名。

從目前的戰績來看，恐怕畠山義就僅憑自己的力量也足以擊敗畠山政長。事實上，在朝倉孝景等援軍到達之前，義就已經擊破政長軍，朝倉孝景不過是追擊逃走的政長而已（《經覺私要鈔》）。若是一對一，哪怕政長落敗，細川勝元或許也能接受這個結果。山名宗全為了確保義就的勝利而出兵相助，他付出的代價是高昂的。山名一派正在歡慶自己的春天到來時，細川勝元已經著手準備反擊了。

細川勝元的反攻

御靈之戰後，細川一方與山名一方的小規模戰鬥雖仍在持續，但也算漸漸恢復了平靜。三月五日，由於京都發生戰亂（御靈之戰），文正這個年號顯得不吉利，於是改元應仁。四月十日，後花園天皇、足利義政和足利義視等被請到日野勝光（日野富子的兄長）的宅邸，舉行了和歌會（《後法興院記》《經覺私要鈔》）。當月二十三日，足利義政前往管領斯波義廉宅邸，日野富子和足利義視隨行（《後法興院記》）。朝廷、幕府的儀禮及活動並無滯延，皆順利進行，人們根本無從預料大亂將至。

然而到了五月分，形勢開始起變化。細川一方在全國各地發起軍事行動。赤松政則侵入山名宗全的領國播磨（嘉吉之變以前是赤松的領國），斯波義敏侵入斯波義廉的領國越前（《大乘院寺社雜事記》）。據說山名氏領國伊賀也發生了戰鬥（《經覺私要鈔》）。此外據軍記物語《應仁記》記載，細川一方的土岐政康（土岐持賴之子）攻入山名一方一色義直的領國伊勢，細川一方的若狹守護武田信賢將國內的山名一方勢力（鄰國丹後的守護是一色義直）逐出。尋尊感歎道：「東西南北，沒有一個平靜之處。」但是，這些作戰的性質顯然是佯攻，細川一方真正的目標是控制京都。

五月十六日，細川勝元家臣池田充正率領甲（正規軍）十二騎、野伏（農民兵）一千從攝津上京（《後法興院記》）。另一方面，二十日，山名宗全、畠山義就、一色義直等聚集在管領斯波義廉的宅邸，商討應對之策（《後法興院記》《後知足院記》）。

尋尊與經覺此刻也開始感到憂懼，擔心山名與細川的對立會發展為京都的戰亂。尋尊引用一本不足為信的預言書《聖德太子未來記》，表示對佛法、王法行將滅亡感到十分害怕。對此鈴木良一說：「看起來他的害怕還不那麼真切。」對其加以批判。也就是說尋尊是不通世俗的，對現實沒有興趣。

但是實際上，比起經覺，尋尊更早地對京都的戰亂做出了預測。五月十八日，尋尊對經覺說：「傳言說細川勝元將再度發兵，強行讓足利義政下達義就討伐令。」經覺卻認為細川勝元等人並沒有這麼大的膽量，對傳言不屑一顧（《經覺私要鈔》）。經覺觀察，如今在山名一派的勢頭之下，縱使是細川勝元也占不了優勢。不用說，尋尊與經覺誰的預測更準確，顯而易見。

應仁元年（一四六七）五月二十五日晚上，京中的武士們開始慌慌張張起來（《後法興院記》）。二十六日上午，武田信賢和細川成之襲擊了將軍御所對面的一色義直宅邸並放火，一色義直逃到山名宗全府邸去（《宗賢卿記》《大乘院寺社雜事記》《經覺私要鈔》）。據說制定奇襲一色宅邸計畫的就是細川勝元與成身院光宣（《大乘院日記目錄》）。很顯然，這是為了佔領將軍御所而布下的一步棋。以這次戰鬥為契機，細川一方與山名一方爆發全面衝突。為請求援軍，光宣派遣傳令兵到大和的箸尾和筒井那裡，經覺也就是在這時候知道了開戰的消息。

二十六日整天，京都各處都有戰鬥，多處放火，吶喊聲不絕，雙方死傷都不可計數，然而勝負未分，戰鬥延續到次日（《後法興院記》《後知足院記》）。因雙方火攻，京都北部（船岡山以南、二條以北）多處武家、公家宅邸和寺院被燒毀（《大乘院寺社雜事記》）。

足利義政的選擇

五月二十八日，將軍足利義政命令細川勝元與山名宗全「暫且休戰，等待指示」（《後知足院記》《經覺私要鈔》）。停戰命令似乎收到效果，二十八日以後雖有弓箭對峙與放火，卻無大規模戰鬥（《後法興院記》《後知足院記》）。

受到軍記物語《應仁記》的影響，很多研究者認為細川一方在開戰之後就立即佔領了將軍御所，對將軍足利義政施加了巨大壓力。尋尊派去京都的部下也報告說「細川侍候將軍（細川在將軍身側）」，這段記載看起來是前面說法的旁證。

但是，足利義政吸取正月政變時御所被山名一方劫持的教訓，這次緊閉將軍御所大門，將親隨分成三隊，交替守衛御所。即便是大名拜訪足利義政，也不允許率兵進入御所以內，只允許本人單獨進入（《大乘院寺社雜事記》《經覺私要鈔》）。因此，正如石田晴男所指出的，雖說將軍御所已被細川一方團團圍住，但御所以內並無細川勝元一方的一兵一卒，因此足利義政仍然保持著一定程度的自主性。

足利義政於五月二十六日向畠山義就送去了御內書[1]，試圖說服他：「本次的事件（細川勝元等的起兵）毫無道理，絕不允許。請暫且前往河內，迴避爭端。」（《畠山文書》）足利義政判斷，畠山義就若離開京都，細川勝元等也就只好罷兵收手了。足利義政維持中立，努力想讓雙方坐下來和談。

然而，六月一日細川勝元向足利義政請求頒發將軍旗幟與處罰山名宗全的綸旨，並要求任命足利義視為討伐山名軍大將（《後知足院記》《大乘院寺社雜事記》）。這是因為文正政變以後，足利義視和細川勝元走得近的緣故。

但是，足利義政的親信日野勝光表示反對：「將軍旗幟是在討伐反叛將軍者時使用的，本次的戰事，不過是細川與山名的私鬥而已。」（《經覺私要鈔》）看起來言之鑿鑿，其實這話不過是藉口，實際上日野勝光與山名宗全交好（《後法興院記》）。日野勝光、富子兄妹對文正政變後足利義視的存在感上升心懷戒備，為牽制足利義視，日野勝光遂與山名宗全合作。御靈之戰前後山名宗全巧妙奔走，也是因為有日野兄妹的協助。

但最終，足利義政還是在六月三日將旗幟交給了細川勝元（《後知足院記》）。八日，將軍御所的四足門掛起了將軍的旗幟（《大乘院寺社雜事記》）。足利義政態度轉變，不必說，當然是因為細川勝元等的壓迫，很大程度上也應該有弟弟足利義視推波助瀾的因素。

後面會提到，足利義視縱然對山名宗全等毫無厭惡之感，卻仍積極討伐山名一方。百瀨今朝雄評價說「足利義視是個認真且嚴厲的人吧」，但這不單是性格方面的問題。足利義視算得上下任將軍候補了，他可能把這場大亂視作顯示自己領導才能的絕佳機會。正如鈴木良一所說，為壓制足利義視，足利義政想要把伊勢貞親召回來，對於足利義視而言，如何樹立自己的權威，確實是迫在眉睫的問題。

因為將軍失掉了中立的地位，戰爭的調停者也就消失了。如果不迅速把已打上「賊軍」烙印的山名一方鎮壓下去，戰爭就沒有辦法很快結束了。

短期決戰戰略的破產

兩軍的構成

那麼，我們來看一看兩軍的陣容。細川一方的佈陣在將軍御所周邊鋪開，而山名一方則以鉗住堀川之勢，在一條大宮一帶布陣。細川勝元一方在東，山名宗全一方在西，前者叫作東軍，後者叫作西軍。此後，我們就使用這兩個稱呼。順便說一句，現在京都市上京區一條通以北的地區叫作西陣，就是因西軍的陣營所在而來。

細川氏世系略圖

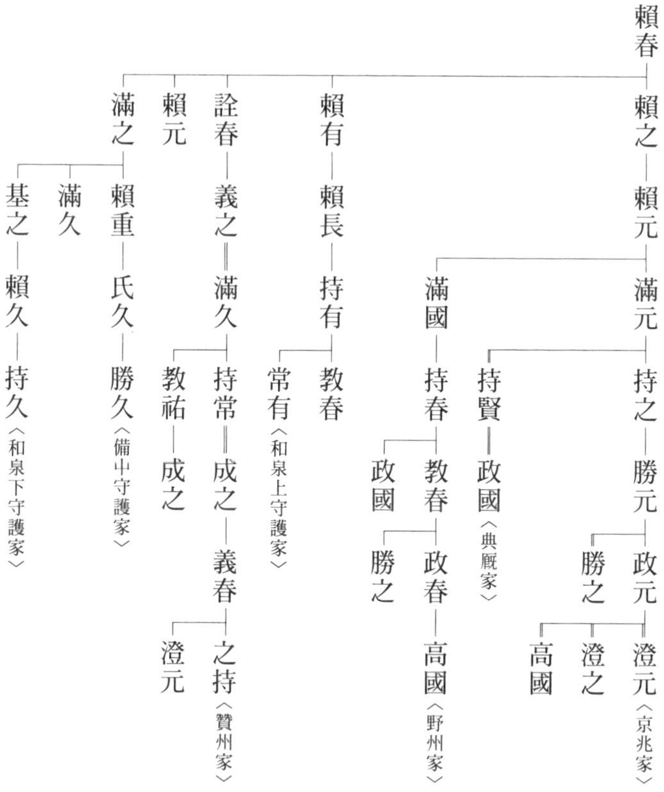
頼春
頼之—頼元—滿元—持之—勝元—政元—澄元〈京兆家〉
澄之
高國
勝之
持賢‖政國〈典厩家〉
滿國—持春—教春—政春—高國〈野州家〉
勝之
政國
頼有—頼長—持有—教春
常有〈和泉上守護家〉
詮春—義之‖滿久—持常‖成之—義春—之持〈贊州家〉
澄元
教祐—成之
頼元
滿之—頼重—氏久—勝久〈備中守護家〉
滿久
基之—頼久—持久〈和泉下守護家〉

參加東軍的大名有細川勝元（攝津、丹波、讚岐、土佐守護）、細川成之（三河、阿波）、細川成春（淡路）、細川勝久（備中）、細川常有和細川持久（和泉兩守護）、畠山政長（河內、紀伊、越中）、京極持清（北近江、飛驒、出雲、隱岐）、武田信賢（若狹、安藝分郡）、赤松政則（加賀北半國）、山名是豐（備後）、斯波義敏。

東軍主力是細川同門、畠山政長和京極持清。武田信賢的領地包括安藝國佐東郡、安南郡、山縣郡，與安藝守護山名宗全是競爭關係。赤松政則也是因為試圖從山名手中奪回原有的領地播磨、備前和美作，而加入東軍。至於斯波義敏，則如前所述，他與山名宗全的女婿斯波義廉是對手。也就是說，細川勝元集結同門及盟友政長、持清，以及反山名派所成立的軍隊就是東軍（山名是豐則是因為與父親宗全不睦，於應仁元年六月從西軍叛入東軍）。

另一方面，參加西軍的大名有山名宗全（但馬、播磨、安藝守護）、山名教之（伯耆、備前）、山名政清（美作、石見）、山名豐氏（因幡）、斯波義廉（越前、尾張、遠江）、畠山義就（山城）、畠山義統（能登）、一色義直（伊勢、丹後）、土岐成賴（美濃）、六角行高（近江）、富樫政親（加賀）。後面還會提到，後來大內政弘（周防、長門、豐前、筑前）也加入了西軍。

東西兩軍的主要大名

西軍	東軍
山名宗全	細川勝元
畠山義就	畠山政長
斯波義廉	斯波義敏
一色義直	京極持清
土岐成賴	赤松政則
大內政弘	武田信賢

西軍的主力是山名一族與斯波義廉和畠山義就。據軍記物語《應仁記》記載，山名宗全被嶽山之戰中義就的奮戰所感動，於是決心與義就合作，但如前所述，這並不是史實。文正政變後，山名宗全將反細川的畠山義就拉攏入自己的陣營，但二者的關係並不密切，後來的西軍因此亂了步調。順帶一提，畠山義統的弟弟畠山政國是畠山義就的猶子。

一色義直與足利義政和伊勢貞親關係親密，與山名的關係卻很淡薄。文正元年（一四六六）年末，畠山義就上京之際，一色義直還尚未清晰地表明態度（《大乘院寺社雜事記》）。他之所以最終加入西軍，是為了把原屬於他的三河和若狹從細川與武田兩氏手中奪回來（此外，武田信賢的兄長信榮曾殺害一色義直之父義貫，義直的憤恨也是一個原因）。

土岐成賴和六角行高（後來的高賴，此後統稱六角高賴）並沒有特別的理由要協助山名宗全。兩人的勢力範圍和細川勝元的盟友京極持清的領國北近江接壤，因此他們是為了對抗京極而加入西軍的吧。加賀守護富樫政親，在赤松政則成為加賀北半國守護後就與赤松政則對立，既然政則投身東軍，富樫政親也就加入了西軍。

此外據《應仁記》記載，兩軍兵力分別是東軍十六萬騎，西軍十一萬騎。歷來認為這個數字有所誇大，但就畠山義就集結的大和、河內與熊野之兵就有七千騎來看，或許這個數字與真實情況意外的接近。大和的義就一黨的核心力量是越智家榮的兵力，有騎兵一百五十、步兵兩千。協助義就的熊野勢力有一千四五百人（《經覺私要鈔》），加上野伏之類的雜兵，義就軍達到七千人也是可能的。其他將領也有大致程度的兵力的話，西軍總體上便可達數萬人。

然而，這個數字不過是總共能夠動員的兵力，並非全軍一起在京都會合，也不能忽略部隊兵員的補充和交替。據永島福太郎推算，開戰時兩軍加起來也不到五萬。西軍的兵力頂多一、二萬。六月起，山名一方八國的兵力出發開向京都（《大乘院寺社雜事記》），就此來看，西軍的軍事動員比較遲，被迫在京都陷入苦戰。

足利義視的失勢

東軍在獲得幕府軍的名分之後，於應仁元年（一四六七）六月六日商討作戰計畫，決定以足利義視為主帥，在八日對西軍發動總攻。但是因為西軍將領中，有像山名宗全的兒子山名是豐那樣請求投降的，於是總攻被中止了。這應該是足利義政的意向。足利義政向西軍諸將送去御內書，勸他們投降。當日，西軍山名教之與東軍赤松政則在一條大宮激戰，東軍獲勝。主帥足利義視親自檢驗了屍首（《大乘院寺社雜事記》）。面對大亂，足利義政試圖抑制戰事擴大，足利義視卻幹勁十足地想積攢戰功。這對兄弟的表現截然相反。

九日，土岐成賴、六角高賴、富樫政親三人透過東軍的細川成之透露了降服之意。足利義政懷疑他們是否真心投降，於是回覆他們說，在對山名宗全與畠山義就發起進攻前，不與他們見面（《大乘院寺社雜事記》）。事實上，富樫政親是被東軍策反，但土岐和六角確實是詐降。

斯波義廉也想投降東軍，但足利義政要求他「除非交出朝倉孝景的腦袋，否則不允准」（《大乘院寺社雜事記》）。朝倉孝景是斯波義廉的重臣，也是義廉軍中的大將。此外，在山名同族的增援部隊還未到達京都時，朝倉軍其實是西軍的主力。所以這是義廉無論如何也不能接受的條件。

足利義政仍然為斯波義廉保留著管領的位置，我們看不出他對義廉有什麼厭惡。給斯波義廉開出如此苛刻的投降條件，並非足利義政的本意，應該是受足利義視和細川勝元等人的意見影響的結果。對細川勝元來說，其他的武將暫且不論，若不能給予山名宗全和斯波義廉打擊，那麼開戰就沒有意義了。足利義視也一樣，在建立突出的軍功之前他是不願意收手停戰的。這樣一來，停戰的道路就被封死了。

足利義視掌握著將軍御所，將與山名一方有親緣關係或關係緊密的女官和近臣全都驅逐出去。十一日，暗通西軍的飯尾為數父子被處死（《大乘院寺社雜事記》）。

足利義視在三年前才還俗，並沒有固有的權力根基。因此，他利用大亂這一事端，專權跋扈，為自己出任下任將軍打下基礎。但是足利義視的行動招致了想讓自己的兒子義尚擔任下任將軍的日野富子的反對。結果，被孤立的足利義視退出將軍御所，返回自己的宅邸（今出川殿）（《應仁記》）。

大內政弘入京

無論兵力或者大義名分，東軍都勝出西軍一籌。但由於畠山義就和朝倉孝景等西軍諸將奮起反抗，對付起來頗為棘手，東軍也未能獲得決定性的勝利。東軍慢吞吞地攻擊時，西軍的兵力卻得以增強。

應仁元年（一四六七）六月二十八日，安藝、石見、備前、但馬、備後、播磨六國大軍經丹波進入京都。屬於東軍的西岡（京都西郊）武士試圖阻止西軍入京，因寡不敵眾，慘遭突破。據說西軍的援軍有八萬人。聽到這個消息，經覺抱持疑問：「八萬人太多了。」（《經覺私要鈔》）也有消息說援軍的一半都在丹波待命，但即便如此，上京之數也達四萬。過萬的大軍已經到達，這一點可以視為事實。

但是對西軍而言，首要之事當然是大內政弘的入京。二月時就有傳言說大內政弘東進，細川勝元對此並未足夠關注（《毛利家文書》）。細川勝元之所以違背足利義政力主議和的意願也要固執地討伐西軍，是因為他想在大內政弘上京前取得較大戰果，為東軍贏得決定性的勝利。在勝元眼中，西軍諸將的請降，無非是在為大內政弘上京爭取時間罷了。

據說大內政弘於五月十日從根據地周防山口（現在的山口市）出發。此乃細川勝元等起兵前之事，因為大內政弘不太可能事先察覺細川勝元等的計畫，應該是為了維持強化正月的政變後所建立的新體制，應山名宗全的催促上京。

大內政弘出發後，京都的戰事開始了，因而大內政弘將軍隊分為海陸兩隊，花了兩個月時間，緩慢進軍。他是在觀望京都的局勢吧。七月十九日，大內軍先頭部隊抵達播磨室津（現在兵庫縣龍野市）。軍船據說有五百艘（《經覺私要鈔》）。二十日，大內政弘本人抵達兵庫（《大乘院日記目錄》）。政弘率周防、長門、豐前、筑前、筑後、安藝、石見、伊予八國武士隨行（《經覺私要鈔》）。據傳總人數達數萬人（《大乘院日記目錄》）。

東軍想在大內軍到達前攻下斯波義廉宅邸，於是連日發動猛烈攻勢（《應仁記》），然而卻未能攻克（《後法興院記》）。八月三日，大內政弘從兵庫出發（《大乘院日記目錄》），計畫從陸路上京。細川勝元試圖阻止大內軍上京，因攝津池田氏被策反，未能成功（《後法興院記》）。

大內政弘於當月二十三日率三萬大軍上京，在京都南部的玄關位置東寺[2]佈陣（《宗賢卿記》《經覺私要鈔》）。永島福太郎推測，三萬人中包括苦力等非戰鬥人員，戰鬥人員為一萬餘人。二十日，東軍知曉大內軍靠近後，解除了對斯波義廉宅邸的包圍，二十三日將後花園上皇和後土御門天皇轉移到將軍御所（《宗賢卿記》）。這是為了不讓上皇和天皇被西軍劫走而採取的措施。

得知大內軍入京，足利義政的親信中有人和西軍暗通款曲。震怒的細川勝元包圍了將軍御所。足利義政將與西軍暗通者二十餘人全都從御所驅逐出去，他們在糺河原被細川軍襲擊，三、四人被殺，其餘逃走（《宗賢卿記》《經覺私要鈔》）。順帶一提，

相國寺。

二十三日夜，足利義視逃往伊勢國（《公卿補任》《經覺私要鈔》）。他或許害怕西軍的報復。

大內軍參戰使西軍聲勢大振，轉守為攻，將武田軍據守的三寶院義賢（滿濟的繼任者）宅邸（法身院）燒毀。大內政弘從東寺北上，將陣營移到北野船岡山（《經覺私要鈔》）。

足利義政擔憂戰事激化，於九月八日再次向畠山義就送去御內書。內容是：「雖然可能違背你的意願，但為天下計，還請與山名宗全商量，各自回到自己領國去。河內國交給義就和政長兩位分割治理。」（《畠山文書》）

足利義政仍然認為大亂的根本原因是兩位畠山的爭鬥，只要政長和義就議和，戰亂就將結束。畢竟東軍大將細川勝元與西軍大將山名宗全算不上不共戴天的仇敵，前一年他們還是盟友。爭端持續十餘年的唯有畠山氏而已，只要畠山氏的問題處理好，問題就能解決。足利義政會這麼判斷也不無道理。

然而足利義政的講和方案錯過了時機。如今大內政弘已入京，斷無可能單靠畠山義就抽身即可結束戰亂。西軍無視議和方案，繼續猛攻東軍。特別是十月二日至四日，戰況尤為激烈，將軍御所以東的相國寺被完全燒毀，將軍御所也被燒了一半（《宗賢卿記》《後法興院記》《經覺私要鈔》《東寺長者補任》）。

原本處於劣勢的西軍雖然轉為優勢，卻未能給予東軍決定性的打擊。相國寺之戰後，洛中（京都中心部）未再發生大規模戰鬥，戰況陷入膠著。雖然這時候正是議和的良機，但西軍攻擊將軍御所的舉動已令足利義政態度變得強硬。十月三日，應足利義政的請求，後花園法皇（九月二十日，上皇感到對大亂爆發負有責任而出家為僧）下達了處罰山名宗全的院宣[3]（《經覺私要鈔》《大乘院日記目錄》）。

西幕府的誕生

東軍謀劃先發制人，擁足利義政，意圖一鼓作氣，一決勝負。西軍召來大內政弘，毅然實施大反攻。雙方都已經用掉了王牌，卻未能決出勝負。短期決戰的嘗試受挫，戰況陷入膠著。翻了年，戰事依舊不止，心生厭倦的足利義政覺得現在是實現議和的時候了。

應仁二年（一四六八）八月，足利義政派遣使者去伊勢，催促足利義視上京。為結束戰爭，有必要把所有利益相關者全都集中到京都來。足利義視應足利義政的邀請上京，九月二十二日進入東軍陣營。於是足利義視向足利義政呈遞諫言，請求他排除佞臣（《碧山日錄》）。其中一位據說是日野勝光（《後法興院記》）。

日野勝光是足利義尚派的首領，足利義視出於個人願望想排斥他是理所當然的。然而，足利義視的請求讓足利義政不高興。足利義政非但沒有接受足利義視的請求，反而在閏十月十六日讓伊勢貞親重歸政壇（《後法興院記》）。

大亂爆發以來，足利義政一直未能發揮他的領導能力，這是因為他的好幫手伊勢貞親不在身邊。再次任用伊勢貞親，應該是為真正推進戰爭結束做的準備。實際上，足利義視上京的九月下旬到十一月上旬，兩軍未在京都交戰，尋尊甚至預想和平可能到來：「天下將太平了吧。」可是尋尊卻對伊勢貞親重歸政壇深表擔憂，擔心足利義政與義視的關係將會因此惡化（《大乘院寺社雜事記》）。

尋尊的不祥預感不幸言中。十一月十三日，感到危險的足利義視化裝成平民逃出京都，逃往比叡山[4]（《後法興院記》）。當月二十三日，足利義視從比叡山回京，竟然進入了西軍斯波義廉的陣營。二十四日，大內政弘等西軍諸將前來參見足利義視，尊他為將軍。這樣，事實上出現了兩個將軍並存的局面。西軍模仿幕府，建立了自己的政治機構，這就是西幕府。

足利義政一面將足利義視召回京都，一面又把他逼入絕境，這種舉措說實話很難理解。非要推測足利義政心裡的想法，恐怕是他太小看足利義視這位沒有自己權力基礎的人物了吧。據說細川勝元曾勸說足利義視出家（《大乘院寺社雜事記》），這應該是斟酌了足利義政意向的提議。終於，此前還在擔任東軍主帥的足利義視，變成西軍擁護的物件。對足利義政來說，這種結果完全是個意外。

足利義視雖然為了積攢戰功而積極討伐西軍，但他並沒有實際參加戰鬥，也並不討厭山名宗全這個人。根據家永遵嗣的考察，戰前足利義視與山名宗全關係很好。對於西軍而言，若擁立足利義視，頭上那頂叛軍的帽子就算摘掉了，這樣的誘惑實在夠大。足利義視與山名宗全利害一致，這個因私交與謀算而組成的令人震驚的組合誕生了。

正如目前為止各位所看到的，足利義政依勢而動，立場上偏向東軍，但對討伐西軍並不一定積極，反倒是在尋找議和的可能性。然而，隨著西幕府的誕生，足利義政態度丕變。十二月五日，依足利義政上奏，朝廷褫奪了足利義視及與他合作的公家們的官位（《公卿補任》），甚至下發了討伐足利義視的院宣，足利義視成為「朝敵」（《大乘院寺社雜事記》）。和平變得越來越遙遠了。

戰法的變化

井樓的使用

與兩軍最初的設想相反，戰事陷入長期化的背景是戰法的變化。首先是防禦設施的進步，其中的代表就是井樓。所謂井樓，就是為在戰場上偵察敵情、用木材堆成井字形而建造的瞭望台。但井樓不只是瞭望台，後面將提到，井樓上也備有武器，可以擊退接近的敵軍，也就是所謂的箭樓。本章第一節開頭講過的畠山政長的矢倉就是這樣一個東西。

井樓與矢倉的使用並非從應仁之亂開始。應永六年（一三九九）的應永之亂中，固守和泉國堺（現大阪府堺市）的大內義弘，為防備幕府軍攻擊，構築「勢（井）樓四十八、箭櫓一千七百」（《應永記》）。幕府進攻乏術，足足花了三週來攻克堺。

然而應仁之亂中修建的井樓規模更大。據禪僧太極的日記記載，應仁二年（一四六八）四月十四日，西軍山名宗全修築的井樓高達七丈（約二十一公尺）多（《碧山日錄》）。但是根據經覺的記錄，這個井樓的高度是一丈二尺（約三點六公尺）（《經覺私要鈔》）。現今的兩層樓住宅，從地面到屋頂橫樑的高度超過六公尺。一丈二尺有些低，但七丈又太高了，經覺的記錄應該更接近真實情況。四月二十五日，大內政弘在相國寺鹿苑院東南修築「大西（井）樓」。（《碧山日錄》）五月二十七日，東軍也修建了大井樓。據說登上井樓便可以眺望「各軍營」（《碧山日錄》）。

根據經覺的記載，山名宗全在井樓上準備了石頭和火箭。更有趣的是，經覺還記述說該設施是為「進攻細川城」而建造的（《經覺私要鈔》）。也就是說，經覺認為這並非防禦設施，而是攻城設施。

細想的話，井樓是在攻擊敵城時也能派上用場的建築物。為從與城牆同高或比其更高的位置發動進攻而修造的攻城塔，無論古今東西，都被廣泛使用。在前面提到的應永之亂中，幕府軍在強攻失敗後，就修造了「勢樓、矢櫓」來攻擊堺城（《應永記》）。此外結城之戰（第二章開始處有介紹）中，攻擊結城城的幕府軍也修造了「十余丈井樓」（《鎌倉持氏記》）。「十餘丈」應該帶有文學性的誇張，但攻城之際使用井樓卻是事實。應仁之亂的巷戰之中攻方也使用井樓，這一點歷來並未引起關注，卻是非常有意思的。

應仁之亂中還使用了攻城兵器。應仁二年正月，東軍從大和國召集工匠，製作「發石木」（《碧山日錄》）。這就是投石機。

禪僧太極在聽說此事後說：「李密（隋末戰爭中的起兵者之一）曾製作攻城武器『機發石』。」介紹了中國的類似事例。太極甚至拿出自己的學識，繼續追溯更早時代的例子：「曹操也曾製發石車破袁紹，因其威力，被稱作霹靂車。」（《碧山日錄》）這說的是《三國志》裡面的插曲，說曹操軍使用發石車（霹靂車）擊毀了袁紹軍的望樓。太極似乎想說，投石機是中國自古以來就有的兵器，沒什麼特別需要驚奇的。但反過來想，這卻是被當時的日本認為稀罕的「新兵器」。應仁之亂促進了戰術層面的革新，這是毫無疑問的。

御構的出現

前一節已提到，在有關應仁之亂的日記資料中出現了「城」這一詞彙，譬如「細川城」「宗全之城」（《碧山日錄》）等。這個「城」是什麼呢？既然事實上已有攻城兵器的使用，這個「城」就不僅僅是一種文學性的修辭。

對於西軍的佈陣，尋尊記錄道：「掘開大路、小路，以為城郭。」（《大乘院日記目錄》）也就是挖開道路築成的壕溝。東軍也在以將軍御所為中心的諸陣營周邊挖掘了壕溝，築成要塞。當時的史料稱之為「御構」、「東構」、「東城」等。這種「御構」將公家、武士的宅邸乃至數百平民的居住區包圍了起來。

隨著戰事的發展，京都各處築起「構」，即要塞。東西兩軍幫助公家築造壕溝。公家們出於自衛的目的，有的也自發地在宅邸周圍挖掘了壕溝。為對付土一揆的來襲與盜賊，防備惡化的京都治安，在大亂以前，公家們已經在宅邸四圍挖掘壕溝，大亂爆發後實施的可謂擴建工程。高橋康夫從各種史料中發現了京都「構」的存在，據他的研究，主戰場上京（京都二條通以北）就有武衛構（斯波義廉宅邸周圍）、實相院構、白雲構、田中構、柳原構、讚州構（細川成之宅邸周圍）、御所東構、山名構、伏見殿構、北小路構、御靈構等。

筆者在前著《日本中世戰爭史》中也提到，本來巷戰大多數是短時間決勝的。鎌倉時代在鎌倉都市區的戰鬥一天到兩天就結束了。新田義貞滅亡鎌倉幕府時，攻入鎌倉前奮力苦戰，但攻入街區後僅一日就將鎌倉幕府軍擊破。南北朝內亂中時不時出現的京都爭奪戰中，最長的也無非半個月左右就能決出勝負。

但到了應仁之亂，兩軍修築壕溝與井樓等防禦陣地，京都的巷戰成了真正意義上的「攻城戰」。兩軍不得不放棄突擊敵陣（敵城）、一舉攻克敵人據點的念頭。陣地越成為要塞，雙方就越傾向於使用弓箭或投石機等進行遠距離作戰。

眾所周知，在第一次世界大戰中，儘管兩大陣營的首腦和國民都相信戰爭能很快結束，但因為戰壕的使用，戰爭陷入長期化。應仁之亂也因為防禦方處於優勢，戰況日趨膠著。

足輕的誕生

在這樣的狀況下，為打破僵局，新的戰鬥力量登上了舞臺，這就是足輕。足輕指不著甲冑的輕裝步兵。應仁二年（一四六八）三月中旬，東軍動員足輕火燒下京（京都二條通以南）。這次作戰的目的是對西軍駐屯地及物資存放地予以打擊，阻斷其兵力和軍糧補給（《後法興院記》《後知足院記》）。指揮此次作戰的足輕大將，就是在《日本中世戰爭史》中也介紹過的那位著名的骨皮道賢（《碧山日錄》）。

骨皮道賢在應仁之亂前被室町幕府侍所（維持京都治安的員警組織）雇用，稱為「目付」。之所以他會被幕府任用，是因為他非常瞭解盜賊的動向（《碧山日錄》）。可

掠奪真如堂的足輕，《真如堂緣起》局部。真正極樂寺（京都府）藏

能是因為他自己本來就是盜賊出身吧。總之，這是與江戶時代「目明」[5]（岡引）類似的群體。

應仁之亂前後的侍所所司（長官）是京極持清，這其實算是個名譽職位，所以由京極持清的重臣多賀高忠擔任所司代，全權負責實際工作。根據二木謙一的研究，多賀高忠未從主君京極持清處獲得一兵一卒，為維持治安，他雇用了牢人、惡黨等。其中一人便是骨皮道賢，道賢協助東軍，應該也是因為與多賀高忠的關係。道賢以伏見稻荷神社為據點，集結了三百名足輕，斷了西軍的糧道（《碧山日錄》）。

西軍對此感到擔憂，於是在三月二十一日，派遣大軍包圍了稻荷山（《碧山日錄》《後法興院記》《後知足院記》）。西軍本來的目的是處置協助骨皮道賢的稻荷社神官，結果很偶然地，道賢也在場。道賢正欲逃走，被畠山義就家臣所擒、斬殺。神官們的住宅也被放火，稻荷神社因此燒毀。偏袒西軍的經覺評論道賢的結局為自作自受，尋尊卻批判了畠山義就火燒稻荷社的行為（《經覺私要鈔》《大乘院日記目錄》）。

道賢死後，東軍繼續使用足輕。六月八日夜，東軍足輕火燒宗全宅邸的高樓，據說因此受到了細川勝元的獎賞。當然，西軍也雇用了足輕。西軍足輕大將中有位知名人物叫御廚子某，他本是東福寺門前町的居民，好勇鬥狠，不繼承家業，而是追隨畠山義就。他糾集足輕，神出鬼沒，透過遊擊戰讓東軍吃了苦頭（《碧山日錄》）。

筆者在前著中介紹過，近年的研究將足輕的活躍視為一項大都市問題。也就是說，在慢性饑荒的過程中，大量人口從周邊村落流入都市，形成了都市下層居民，人口逐步增加的都市下層居民就是足輕的最大來源。此外，不容忽視的是，足利義教時期以降，由於將軍肆意裁決，許多大名家反覆起起落落。隨著大名家的沒落，失去職務的牢人等武士階層也參加進來，下層居民和饑民們作為土一揆被組織起來，形成了強大的戰鬥力量。

另一方面，一些人則作為討伐土一揆的力量被多賀高忠與浦上則宗（赤松政則的重臣）雇用。隨著應仁之亂爆發，他們也成為足輕，被組織起來。土一揆與足輕，名稱雖不同，但參加者的行動（掠奪、放火）卻是一樣的，兩者是相近的群體。

足輕最被期待的功能是切斷敵軍補給、破壞補給設施。足輕發揮其機動性，掠奪、放火，疲敝敵軍。但是，被掠奪和縱火的不僅是敵軍，居住在京都的公家、寺院、神社和平民也遭受了巨大的損害。足輕的大量動員進一步導致了京都的荒廢。

補給線爭奪

截至應仁二年（一四六八）前半年，戰鬥在京都的街區進行，進入後半年，主戰場轉移到東山、山科、鳥羽等京都周邊地區。這是為了確保自身補給線的同時，切斷敵軍補給線。

當時的京都是一個特別的大都市，為了養活龐大的人口，必須依靠從外部輸入的物資。嘉吉元年（一四四一）發生嘉吉土一揆時，土一揆軍封鎖了京都的七個出入口（七口），陷入「京都之饑荒令人不能容忍」（《公名公記》）的慘狀，這也成為幕府屈服於土一揆、聽從其要求頒佈德政令的原因之一。從這樣的情況我們可以知道，如果運輸線被敵軍佔據，駐守京都的軍隊勢必陷入飢餓之中。隨著應仁之亂的長期化，掌握京都近郊地區，便足以左右戰況局勢。

位於山城國中西部的乙訓郡（現京都府向日市與長岡京市全境、乙訓郡大山崎町、京都市南區及西京區、伏見區一部分）與葛野郡（現京都市右京區及西京區一部分）組成的一大片地區，在中世被叫作「西岡」。西岡分佈著眾多領主不同的莊園和村落，對桂川水資源的利用加深了各村間的聯繫。這裡的武士（當時稱之為「侍」）非常團結，被稱作「西岡眾」。

西岡也是從西日本經西國街道或丹波道進入京都的必經之地。因為東西兩軍都要透過西岡，所以無論西岡的武士們願不願意，他們都被捲入戰亂之中。

西岡眾在戰亂前多數追隨細川氏，大亂爆發後從屬東軍。應仁元年六月，西軍畠山政國為救援畠山義就，率河內和紀伊武裝向京都進軍時，野田泰忠等西岡眾試圖阻止，遂率兵迎戰（《鎮守八幡宮供僧評定引付》《野田泰忠軍忠狀》）。西岡有東寺領屬莊園上久世莊、下久世莊，這些莊園的百姓也相助武士們，與畠山政國軍交戰。因此，西軍的斯波義廉利用自己身為管領的身分向東寺施壓，要求他們不得協助東軍（《東寺百合文書》）。應仁元年八月，大內政弘從兵庫向京都進發時，西岡眾進軍攝津的神南山（今大阪府高槻市神內山）、芥川、入江，與西軍交戰（《野田泰忠軍忠狀》）。

雖然如此，西岡等京都近郊追隨山名宗全或畠山義就的勢力仍為數不少。於是，野田泰忠等就擔負了在東軍上京時，阻擋西軍的干擾，確保前往京都的交通線暢通的任務。這一任務在當時的史料中被叫作「嚮導」（《野田泰忠軍忠狀》）。

八月末，東西兩軍都盯上了這年新收穫的稻米，於是紛紛出動。山名宗全向東寺要求「將上久世、下久世今年的田租收入作為軍糧借用」。雖說是借用，但並沒有要歸還的意思，事實上就是徵收。東寺向山名宗全送去禮物，得以免除徵收軍糧（《鎮守八幡宮供僧評定引付》）。

然而，經細川勝元申請，幕府認可勝元對西岡實施「半濟徵收」。所謂半濟，就是在戰時將莊園田租的一半充作軍費。也就是說，將原本需要繳納給寺社或公家等莊園領主的稻米，半數交到細川勝元手上。西岡的農民在收到幕府命令後，開始將田租稻米搬運到細川陣營裡去。在西岡的細川一方陣營中等待著的，當然是野田泰忠等西岡眾。因此這次半濟徵收，直接獲利者並非細川勝元，而是勝元麾下的西岡眾。可以說這是對他們的獎賞。

斯波義廉得知此一情況後大怒，招來東寺雜掌（負責涉外事務），對其表示鄭重抗議，要求「命令上久世、下久世莊的農民不得向東軍陣營運送糧食」（《鎮守八幡宮供僧評定引付》）。

夾在東西兩軍之間左右為難的東寺試圖單單取消西岡各莊園中上久世和下久世莊的半濟徵收，於是賄賂幕府的官僚，獲得了免除徵收的許可。然而西岡眾無視免除命令，仍欲實施半濟徵收。經上久世、下久世莊代表五人與西岡眾交涉後雙方達成妥協，兩莊向西岡眾支付五千疋（五十貫文錢），西岡眾遂承認了半濟的免除。東寺在向莊園運送五千疋的同時，也支付報酬給五名交涉代表（《鎮守八幡宮供僧評定引付》）。

到了應仁二年的收穫時節，圍繞田租稻米的爭奪，雙方展開了更為激烈的鬥爭。八月末，根據西軍準備進攻西岡的軍報，東軍派遣援軍，西岡眾也與之會合（《野田泰忠軍忠狀》）。東軍準備戰鬥，並開始在西岡徵收軍糧。因此，上久世、下久世莊取消向東寺交納田租一事，令東寺十分為難（《鎮守八幡宮供僧評定引付》）。

十月，戰鬥終於爆發。西軍自京都而下，攻擊西岡、鳥羽、下桂等（《碧山日錄》《後法興院記》）。西岡之中，上久世莊是特別的攻擊對象。

原因出在這時擔任上久世莊公文（莊園當地的管理人員）的寒川氏身上，寒川氏出自讚岐國，在細川氏的支持下得以就任公文一職。十月九日，西軍「足輕眾」攻入上久世莊，放火燒了各家，爾後割了田裡的稻子。寒川氏自己放火燒了宅邸逃走，二十二日奪回上久世莊（《鎮守八幡宮供僧評定引付》）。

另一方面，下久世莊的公文們則在東寺與西軍私自交涉，承諾交納半濟，於是免於遭受西軍的攻擊（《鎮守八幡宮供僧評定引付》）。戰亂中的人們如此頑強、堅強地生存了下來。

1 御內書是室町幕府將軍文書的一種。採用「直狀」的形式，本來多用於私下的場合，後來也多作為公文書使用。
2 位於現在京都市區的南面，真言宗的重要寺院，地理位置重要，在日本南北朝內亂時期多次成為交戰雙方爭奪的焦點。
3 由上皇（或法皇）的近臣（院司）奉上皇（或法皇）之命發佈的命令文書，奉書的一種。
4 比叡山（延曆寺）位於京都東北角，是日本中世最大的宗教勢力，地勢險要，易守難攻。
5 江戶時代，被町奉行的吏員「與力」「同心」私自雇用，協助追查、逮捕犯人的人員。

第四章 應仁之亂與興福寺

別當經覺的獻身
越前的情況
經覺與尋尊
亂中遊藝

別當經覺的獻身

第四次出任別當

應仁三年（一四六九），大亂依舊持續。二月末，興福寺別當東門院孝祐表示要辭任，他的繼任者成了問題。一般的慣例是由權別當升任別當，但權別當西南院光淳卻說「再等一兩年」。於是又有了一乘院教玄再任別當的方案，卻遭到教玄的拒絕。在戰亂中興福寺各莊園田租收不上來的現狀之下，別當難以維持興福寺的經營。大乘院尋尊的再任方案也被提出，但也被尋尊拒絕了（《大乘院寺社雜事記》）。平時令人垂涎的別當之職，在戰時卻是多勞少得的差使，興福寺的院主們互相推來推去。

第一章已述，幕府在這個時代也與興福寺的人事安排有關聯。興福寺別當之職懸而未決，沒完沒了，對於幕府而言不是件好事。這時以足利義視為首的西幕府已成立，於是幕府愈發期望新別當盡快就任。於是最後的辦法竟然是拜託七十五歲的經覺再度出任。

經覺已經三次擔任興福寺別當。最初是應永三十三年（一四二六）二月到應永三十五年三月，第二次是大和永享之亂（參考第一章）激化時，即永享三年（一四三一）八月到永享七年十二月，第三次是嶽山城之戰（參考第二章）時，即寬正二年（一四六一）二月到寬正四年六月。經覺總是在困難時刻被邀請出任別當，「麻煩的時候就請經覺出山」。

三月二十二日，依南都傳奏[1]日野勝光的意思，九條家（經覺出身的家族）家臣信濃小路兼益拜訪經覺住處。兼益傳達了日野勝光想讓經覺出任別當之意。四度擔任興福寺別當，這是沒有先例的，因此是十分光榮的事情，日野勝光試圖以這樣的邏輯說服經覺。

筆者已多次講到，經覺一貫是偏向西軍的。這是因為他與西軍的越智家榮親近，與東軍的成身院光宣敵對。此外，為了保全越前的興福寺領屬莊園，他還與朝倉孝景交涉過，此後也維持著與朝倉的交流管道。

應仁元年十月，後花園法皇發佈處罰山名宗全的院宣，為與其對抗，西軍諸將聯名發佈文書彈劾細川勝元。這一文書在送往興福寺別當（當時是孝祐）處時，朝倉孝景委託經覺代為轉交，可見二者之間聯繫之緊密（《經覺私要鈔》）。對日野勝光來說，偏向西軍的經覺出任別當絕不是他期望的，但此刻也別無他法了。

即使是經覺，這時也還是對出任別當一事猶豫了。天下大亂之中，興福寺領名存實亡。收入貧乏的現狀下，法會看起來也是無法運行的。加上經覺年事已高，對能否承擔別當繁重的工作存有不安。經覺拒絕了。

然而日野勝光無視經覺的推辭，又透過朝廷下工夫。結果，朝廷於三月三十日任命經覺為興福寺別當（第一章已述，興福寺是官寺，形式上別當的任免權在朝廷手中）。四月四日，寺門雜掌（興福寺駐京都代表）柚留木重藝來到經覺所在的迎福寺，向他傳達這一訊息。

經覺表示抗議：「我既已拒絕，仍擅自任命我為別當，真是豈有此理。」重藝並不讓步：「當今之困局，其他人斷然挺不過去。您年事已高，托您出山我亦於心不安，但為天下計，請您鼎力相助。這是朝廷和幕府的考慮。還有比這更光榮的事情嗎？」經覺說：「讓我想想。」重藝於是離開了（《經覺私要鈔》）。

但是，經覺「讓我想想」這話只是形式上的應付，他心裡已經決定出任了。當天，經覺向尋尊派去使者，對他說：「之前對出任別當表示推辭，但現在已被強行任命，沒有辦法，只得就任。無論何事，今後拜託了。」尋尊約定相助於他（《大乘院寺社雜事記》）。

四月十日，經覺招來柚留木重藝，命他上京，托他轉交自己給日野勝光的回信（《經覺私要鈔》）。經覺具有領袖氣質，勇於任事，若是熱心地請他出山，他便會應允。這一點與沉著冷靜而萬事慎重的尋尊正好相反。

供目代[2]人事的調整

興福寺別當有權任命自己的下屬。四月十日，經覺就立即著手人事安排。負責堂舍建築和橋樑修理的修理目代繼續讓成身院光宣留任。經覺雖不喜歡光宣，但現在東西兩軍勢力在伯仲之間，想要排除光宣等筒井一方勢力單獨運營興福寺是不可能的。

其他的人事安排也很順利，但意想不到的是，供目代的人事安排出現了困難。供目代是法會的執行人，在法華會、慈恩會、三藏會等論義法會之中負責確認學侶出席情況等事務。不僅如此，供目代肩負促成學侶集會等使命，政治意義重大，在眾多目代職位中也是最高級的。經覺想任命專心為供目代，也私下向他傳達了這一想法。專心是個在諸法會中積攢學識經驗的法會執行僧，具備擔任供目代的資格。

然而，學侶一方卻中止了他的計畫。四月十日，兩名使者代表學侶一方造訪經覺，祝賀經覺出任別當，其後對專心出任供目代示以難色。專心出自番條氏，故無法同意。

番條氏是侍奉大乘院的眾徒。大乘院的良家松林院兼雅以荒蒔莊（今奈良縣天理市荒蒔町）為抵押，向番條的長懷法師借了錢。但是松林院兼雅不還錢，於是變成了死當。借款轉移到學侶一方頭上，學侶們遂要求長懷歸還荒蒔莊，長懷表示拒絕（《經覺私要鈔》）。因此學侶一方與長懷陷入對立，雖經筒井順永調停，但仍然不行（《大乘院寺社雜事記》）。應該是長懷受到六方眾的支持而有了信心，變得強硬。如此一來，學侶一方就對專心出任供目代表示反對。

學侶一方雖然有理，但從經覺角度來說，剛剛上任別當就被潑冷水，不是件有趣的事情。經覺已經決定在十三日舉行任命儀式了，如今再要延期，會損害他作為別當的權威。於是經覺提議說：「專心若長時間擔任供目代，別當可能會偏袒番條一方，但如果任命之後立即讓他辭任，就沒有問題了吧。」

如經覺的提議，十三日專心就任供目代。原本的計畫是專心立即辭職，但繼任候補兼實卻推辭道：「出任供目代所需的費用還沒準備好。」（《經覺私要鈔》）一旦就任供目代，就必須大開宴會、請客吃飯、送禮給那些照顧過他的人，開銷很大。最終，以專心起誓「不支持長懷」為條件，學侶一方承認了專心的在任（《大乘院寺社雜事記》）。

四月二十日，藤氏長者一條兼良的任命書送到，二十一日在古市的迎福寺舉行了交接儀式。這樣經覺正式成為別當，但他並沒有回到興福寺，而是繼續住在古市。經覺這波瀾起伏的第四次別當之旅開始了。

封印名字

作為學侶對番條長懷的懲罰，他們採取了「封印名字」這一措施。「封印名字」是什麼意思？根據植田信廣和酒井紀美的研究，把反抗寺社者的「名字」寫在紙片上，將其封印，實施詛咒，就是「封印名字」。目前僅能在興福寺、藥師寺、東大寺等大和國寺院看到這種情況。這裡選取興福寺的事例。

由於僧侶的名字有時也被「封印」，這裡的「名字」不是指苗字[3]，而是指能夠指定詛咒物件的名（元服、出家等時接受上位者命名的情況稱作「賜名字」）。封印名字的場所多種多樣，或放入洗手池中，或封入內陣中，或釘在神社前。封印後，僧侶們聚集於南円堂，念誦大般若經，實施降伏祈禱。封印名字與降伏祈禱是一個組合，兩者都實行完畢後詛咒才結束。

實施封印的主體是學侶、六方眾，或學侶與六方眾一同，門主不能私自實施封印名字的行為。學侶或六方眾要先舉行「神水集會」，才能封印。集會之時，如果不獲得全員贊同，共飲神水，對神起誓，也就是說不結成「一揆」[4]的話，是無法決意行事的。因此，封印名字的行為並非私刑，而是學侶、六方眾這樣的興福寺決議機構，依照一定手續實施的「公」罰。

被封印名字的對象主要是眾徒、國民等武士，平民是不會被封印的。眾徒、國民等若妨害興福寺的莊園控制，就被斷定為興福寺的敵人（「寺敵」「佛敵」），遭到封印。

被封印了名字的人將會遭遇發病、發狂、猝死這樣的災禍。在那個時代，得病猝死者並不稀奇，如果是被封印名字的人猝死了，人們就會認為是詛咒起了作用。換言之，封印名字的行為，就是利用中世人們對神佛的恐懼和信仰，是一種宗教制裁。但是，正如筆者在拙著《一揆的原理》中講到的，中世的人們對神佛的信仰亦非絕對，若過多強調宗教性的恐懼，同樣會有問題。

植田氏認為，將封印名字這一事實公示出來，不僅能發揮咒術上的作用，也帶有剝奪其武士身分之意。雖然是否稱得上身分剝奪，尚有討論的餘地，但實施者期待的應該是該儀式所帶來貶低封印對象的社會效果。

長懷的情況是，他的名字被封印在「五社七堂」（《經覺私要鈔》）。五社即春日社本殿的四殿和若宮，也就是指春日社全體；七堂指興福寺七堂，即興福寺全體。可能是被封印於興福寺及與其一體的春日社境內各處了吧。然而，興福寺寺僧並非一致團結排斥長懷，因為六方眾（據尋尊的記載是六方眾的一部分）支持長懷，所以對他的宗教和社會制裁並不徹底。

文明元年（一四六九，應仁三年四月二十八日改元）五月末，筒井順永與古市胤榮的仲裁收到了效果，雙方達成和解。長懷向學侶提交起請文，起誓約定歸還荒蒔莊。於是學侶使節三人將封印於五社七堂的名字取出，解開詛咒（《大乘院寺社雜事記》《經覺私要鈔》）。

八月，為了收集從長懷手中購回荒蒔莊的款項，興福寺向奈良居民徵收臨時稅。然而筒井順永貪污了這筆錢，長懷大怒，和議於是破產。十月，興福寺命令荒蒔莊的農民：「長懷若來收取田租，不予理睬，直接交給學侶。」並命令鄰接的布留鄉（今奈良縣天理市布留町），若長懷用暴力來取布留鄉田租，布留鄉五十餘村將一同出擊，支援荒蒔莊。布留鄉答應了，學侶們天真地開心起來：「太好了，太好了。」尋尊卻很冷靜，他在日記中說：「藉農民的力量，不是在助長損傷興福寺權威的『下剋上』行為嗎？有什麼可慶賀的。」這是比起即時性更重視長遠影響的尋尊的感想。

這個問題一直糾結到文明元年末，最終如何收場無從得知。幕府勸慰學侶說：「京都的戰事結束了就來擊退長懷。」（《大乘院寺社雜事記》）然而戰爭仍然看不到盡頭，這也就是個口頭約定罷了。或許長懷就這樣繼續控制著荒蒔莊了吧。

為處理以上這一系列爭端，大乘院門主尋尊四處奔走，但我們看不到經覺積極參與的樣子。對好管閒事的經覺而言，這倒是稀罕。松林院兼雅是大乘院的良家，番條長懷也是大乘院的眾徒，所以經覺是在顧慮尋尊吧。

寺院管理重建的失敗

就任別當後，經覺立即著手重設興福寺的管理。如前所述，經覺派遣柚留木重藝到京都，向日野勝光傳達他答應出任別當一事，同時附加了就任的條件，那就是要求幕府支援管理改革。

興福寺下轄眾多莊園，大部分僅由代官代為管理，興福寺並不能瞭解當地的狀況。若代官能認真繳納從莊園收上來的田租，當然沒什麼問題，但由於戰爭帶來的混亂，田租交不上來。為了改善這一狀況，除了任命新的代官外，時不時向莊園當地派遣調查員，視察當地的情況、考察代官的工作，就是有必要的了。這種不靠代官、由莊園領主直轄管理的情況稱作「直務（直轄）」。然而，具有既得利益的代官當然會反抗。欲排除他們的反抗，就必須有幕府做後盾。足利義政收到日野勝光的報告後表示「若有反抗者，應向幕府報告」，答應了經覺的條件。

山城國狛野莊是別當領地，經覺在第三次擔任別當時，將其交給東北院俊円。此後的別當也認可俊円對此莊的控制。於是在這次的別當更替之後，文明元年（一四六九）四月二十八日，俊円仍希望繼續管理狛野莊。

對此，經覺在書信中這樣說：「以前擔任別當時，興福寺管理順暢，因而將狛野莊交給你。現在很多別當領地已有名無實，神事、法會經費不足，因此請您歸還此莊。直轄管理的方針也已獲得幕府的認可。」經覺送去書信，拒絕了俊円的請求。

但是，俊円執拗地希望保留狛野莊的管理權，最終表示「如此，我就向幕府上訴」。事實上，俊円是日野勝光的叔父。顯而易見，足利義政會做出對俊円有利的裁決。五月二日，經覺不得已承認俊円對狛野莊的控制權。俊円向經覺送禮錢一千疋（十貫文錢），並承諾之後再呈上一千疋（《經覺私要鈔》）。

接下來經覺盯上了龍門莊。龍門莊本是龍門寺（奈良縣吉野郡吉野町的寺院）的莊園，龍門寺成為興福寺的下屬寺院後，興福寺別當獲得了龍門莊的管理權。然而應永年間（一三九四至一四二八）以後，興福寺委託多武峰寺管理龍門莊，多武峰寺每年向興福寺上交一百五十貫文錢。因為當時判斷，龍門莊離興福寺遠，委託離此莊近的多武峰寺管理會更有效率。

但寬正年間（一四六〇至一四六六）起，田租的交納時有拖欠。其中一個原因是經覺曾妨礙多武峰寺參與日明貿易（多武峰寺如此認為）。簡言之就是出於對經覺的憤恨，拒交田租。經覺向幕府尋求支援，但由於中央政界的混亂與大和的戰亂，事情未能妥善解決，經覺未能如願，就從第三次擔任的別當職位上退職了。

第四次出任別當，幹勁滿滿的經覺積極推動龍門莊的直轄。正當經覺尋找新的代官時，文明元年五月二十二日，一個叫岩坂狛源五郎的人毛遂自薦而來。他誇下海口：「若將龍門莊的管理交給我，每年田租能收八百石左右。」粗略估計，按中世的行情，米一石等於一貫文錢。即便從八百石中扣除必要經費，也達到多武峰寺上交數額的三、四倍。由於這話說得太好聽，經覺在日記中寫道：「若真是事實的話，倒也極好的。」

在委託多武峰寺管理前，龍門莊是由興福寺別當松林院長懷管理的。於是經覺於五月二十四日，向松林院兼雅借閱了松林院保管的有關龍門莊的舊記錄和文書。反過來說，目前為止的興福寺別當對龍門莊的情況一無所知，甚至不想知道。

最終，小野、丸尾二人被選為龍門莊的代官。六月十一日，兩人為致謝經覺，前來拜謁他。二人帶了土特產酒樽和瓜果。經覺的親信畑經胤與他們會面，兩人將離開時，經覺也露了個臉，並賜給他們各自一件小袖。這是非常特別的優厚待遇，可見經覺對龍門莊的直轄管理極具熱情。

此後經覺也向當地派遣使者，繼續參與龍門莊的管理。即便如此，經覺仍對田租是否順利上交很不安，八月二十四夜，他夢到龍門莊送來兩棵松樹，種在道場東邊。經覺寫道：「也不知是吉夢還是凶夢。」

經覺的不安不幸成為現實。八月二十九日，龍門莊來報，正要向興福寺交租時，多武峰寺說：「多武峰寺原本就是龍門莊的代官，這是興福寺任命的，趕緊把田租交給我們。」收到報告後，學侶回覆「任命多武峰寺為代官並非事實」。學侶生怕夜長夢多，於是叮囑經覺：「請別再這樣不和我們好好商量，就任命代官了。」

經覺與學侶協作，繼續催促田租上交，卻遭到多武峰寺的妨礙，以失敗告終（《經覺私要鈔》）。在天下大亂這一糟糕的外部環境之下，縱使經覺絞盡腦汁，也無能為力。

越前的情況

朝倉孝景與經覺

越前的河口莊和坪江莊，都是興福寺大乘院重要的收入來源。因此，尋尊和經覺對越前戰況的關心程度絲毫不比京都低。經覺在戰亂前就與朝倉孝景保持聯繫。

然而，伊勢貞親廢黜朝倉的主君斯波義廉，將斯波義敏推上家督之位（因文正政變而失敗），越前再度陷入混亂。應仁元年（一四六七）五月，趁朝倉孝景追隨斯波義廉上京之機，斯波義敏侵入越前。一系列混亂之中，經覺的隱居資金來源河口莊細呂宜鄉下方的田租交納延遲了。於是經覺於應仁二年五月二十日派遣使者木阿到細呂宜鄉，並命令他在途中與京都的越前守護斯波義廉及朝倉孝景交涉。

木阿是經覺的同朋眾。提到同朋眾，一般的印象是陪伴在貴人身邊，以取悅貴人為業的藝人，他們在料理主君身邊的事務時，多數承擔著類似親信近臣的職能。木阿不僅精通茶道，也擔當傳達人或使者。五月二十二日，木阿從京都的斯波義廉處獲得書信一封，二十四日持信前往越前（《經覺私要鈔》）。有了守護的文書，就可以從不交田租的細呂宜鄉那裡收上田租了。二十幾日時，經覺是這麼考慮的。

但是，越前的情況比經覺想像的要嚴重。五月二十二日，西忍前來拜訪經覺。西忍的父親是天竺人（印度人，也有說是爪哇人或阿拉伯人），母親是日本人。以下，根據田中健夫的研究簡單介紹一下此人。西忍的父親來日後住在京都相國寺，經相國寺住持、深受足利義滿信任的禪僧絕海中津推薦，得以侍奉當時的將軍足利義滿。這應該是看上他擁有國際貿易方面的知識。西忍的父親自稱天竺聖。

西忍出生於應永二年（一三九五），與經覺同年。他幼名穆斯魯，長大後取名天竺天次。足利義持繼承義滿的將軍之位後，天竺聖被疏遠，全家都被監禁。天竺聖死後，一家得以赦免，天次離開京都，來到大和國，居住在立野。天次以母親的出身地河內國楠葉鄉（今大阪府枚方市）的地名為姓，改姓楠葉。

楠葉天次娶了當地國民戌亥氏的女兒為妻。永享元年（一四二九），長子元次出生。永享十年，經覺因觸怒將軍足利義教移住立野。經覺與天次交往密切，天次做了經覺的弟子，出家為僧。西忍這個法名就是經覺取的。在經覺失意的日子裡，西忍對其安慰甚多，因而深受信任，經覺復出後便重用他做自己的近臣。

根據西忍聽到的傳言，東軍斯波義敏擊破了西軍朝倉一方的勢力，將其逐出越前。若這是事實，那麼對依靠朝倉來實施的河口莊、坪江莊管理而言是個絕望的打擊。慌亂的西忍向木阿確認情況，木阿說：「從未聽過。」西忍判斷這是親東軍者傳出的謠言，但為防萬一，還是報告給了經覺（《經覺私要鈔》）。

然而，現實中越前的情況確實對西軍越來越不利了。應仁二年閏十月十四日，古市向尋尊傳來訊息。由於斯波義敏制伏了越前國大部分地區，朝倉孝景為討伐義敏親自奔赴越前。朝倉孝景離京對西軍來說是個重大打擊，朝倉孝景以「我兒子朝倉氏景會率兵二百留守京都，明年三月我就返回京都」說服西軍諸將（《大乘院寺社雜事記》）。

當年十二月，有傳言說朝倉孝景投降斯波義敏了（《碧山日錄》）。次年，即文明元年（一四六九）七月十日，朝倉反叛的消息傳入經覺耳中。由於朝倉孝景與斯波義敏結盟，留在西軍的甲斐信久（甲斐常治之孫、敏光之子）變得孤立，形勢岌岌可危。經覺何等絕望。但兩天後，派去越前的使者傳來消息說「朝倉反叛是個謠言」，經覺又安心下來。

受到不確切的消息影響而忽喜忽憂的經覺顯得多麼滑稽。然而，由於自己莊園的命運已經與朝倉的動向密不可分，經覺變得如此神經質，也是沒有辦法的了。

楠葉元次前往越前

寬正三年（一四六二）以降，一位名為禪住坊承棟[5]的金融業人士與興福寺訂立契約，就任坪江莊代官，管理當地。然而寬正六年，禪住坊未能收齊約定好的田租，於是辭職，尋尊便推舉成身院光宣為繼任者（《大乘院寺社雜事記》）。但這一方案未能實現，過了許多時日繼任者仍未能選出。無奈的學侶只得派遣臨時管理人員為使者前去，卻未能收來田租。

應仁元年（一四六七），楠葉元次希望出任代官，經覺表示支持。如前所述，元次是西忍的長子。這時候，元次代替老邁的父親上京與斯波義廉交涉，參與各種事務，成為經覺的股肱。

經覺的人事安排卻遭到了學侶的反對，大概是認為作為經覺親信的楠葉元次可能不會聽從學侶的命令、以經覺的意向是從吧。文明元年（一四六九）九月，朝倉孝景表示「希望早日選出繼任者」，已是別當的經覺於是再度推薦了元次。顯而易見，經覺、楠葉元次、朝倉孝景綁在了一起。經覺努力說服不信任元次的學侶，成功讓其出任代官。

十月五日，楠葉元次從奈良出發，經京都於七日到達越前（《細呂宜鄉方引付》）。在京都逗留一日，是為了獲取斯波義廉的文書。但是斯波義廉實質上是個傀儡，義廉的文書其實就是朝倉孝景的文書。經覺認為，莊園的農民們若知道他們背後有朝倉支持，就不得不交租了。

不過，楠葉元次遭到學侶派遣到河口莊的使者武友及當地武士北方氏等的妨礙，未能收取坪江莊的田租（《大乘院寺社雜事記》）。

丟了面子的朝倉孝景震怒了。文明二年正月，回到興福寺的楠葉元次向學侶轉交朝倉的書信，內容是：「興福寺若不支持楠葉元次的話，我也就無法再為興福寺做任何事情了。」（《經覺私要鈔》）由於沒有朝倉的幫助興福寺就無法維持越前的領屬莊園，所以這無異於對興福寺的恫嚇。

但是，這一書狀並非朝倉盛怒之下所為，恐怕是事先與經覺共同謀劃的結果。大概是為了讓興福寺內部反對楠葉元次出任代官的勢力閉嘴，才特意採取了強硬措施。

此後，興福寺內部討論了這個問題。四月，楠葉元次管理坪江莊一事重新獲得認可（《經覺私要鈔》）。經覺的目的達到了。

另一方面，尋尊卻對過度依賴朝倉心存憂慮。楠葉元次暫且不論，坐擁強大武力的朝倉孝景是股難以控制的力量。當聽到傳聞說朝倉孝景意圖奪取坪江莊時，尋尊感歎道，若這是事實的話，「一莊滅亡」已無可避免（《大乘院寺社雜事記》）。

對莊園領主而言，與強大武士的合作是一把雙刃劍。他們可以利用武士鎮壓民眾、抵禦外部勢力侵略，但也很可能成為獅子的腹中之蟲。經覺試圖積極利用武士，尋尊卻希望盡可能與之保持距離。兩者的態度截然相反。

經覺與尋尊

性格差異

本書在前面已適時介紹過，經覺與尋尊的性格正好相反。一言以蔽之，經覺主動、尋尊被動。

尋尊的日記《大乘院寺社雜事記》在戰前印成鉛字出版，與之相比，經覺的日記《經覺私要鈔》最近才刊行。受此影響，研究者們在考察「上流階級如何看待應仁之亂」時，主要使用的是《大乘院寺社雜事記》。

歷史學家看待尋尊的視線是冷淡的。尋尊稱應仁之亂是天魔造業，將武士不敬公家、寺社，侵略莊園的行為視為神靈的懲罰。對於應仁之亂的原因，他未能提供具說服力的見解。因此，研究者們給他下了「總之僅僅是作為舊統治階級一員對世道感到苦悶而已」的結論。

尋尊旁觀者的態度也遭受批判。應仁之亂中，奈良未遭戰火荼毒，因此尋尊似乎總把戰爭看成是與己無關的事。他雖掛念生活在京都的本家一條家的人，但對民眾的痛苦並不關心。他的反戰意識不過泛泛，換言之，「用詞雖非常激烈，但言之無物，很沒邏輯」。

之所以史學家對尋尊的評價低，原因之一是，戰後歷史學是以左翼史觀為基調。筆者在前著《日本中世戰爭史》中也提到，所謂左翼史觀，就是把下層被統治階級對上層統治階級發起鬥爭、打倒統治階級視為進步的歷史觀。以這一理論來評價應仁之亂的話，尋尊就屬於應被打倒的統治階級一邊了。悲歎「下剋上」的尋尊，就是無法接受武士和民眾成長的現實，無力地只會發些愚蠢牢騷的莊園領主的象徵。

但透過讀《經覺私要鈔》我們知道，不是所有的莊園領主都只知道發牢騷，也有的人像經覺一樣主動出擊，憑自己的力量克服戰亂的影響。因此，單單站在尋尊的角度，強調沒落貴族與僧侶的保守性，這一研究傾向是有問題的。

甚至可以說，有了經覺這樣一個比較標的，也可以對尋尊的所為進行再次評價。正如第二章所述，在大和的筒井一方和越智一方對立時，經覺堅決站在後者一邊。這與和紛爭保持距離的尋尊形成鮮明對比。然而，雖然經覺全身投入，紛爭卻不僅未能中止，反而進一步惡化。在除此之外的很多問題上，經覺的介入都不一定會帶來好的結果。

事實上，大乘院尋尊對自己的前任經覺的做法持批判態度。尋尊認為，經覺擔任門主期間，不顧將來後果，擅自做出短視的決定，以致於丟失了大乘院下屬的大半部分莊園，大部分的田租也收不上來（《大乘院寺社雜事記》）。在尋尊的認識裡，自己在為經覺善後。

經覺的判斷具有不拘先例、不遵成法的靈活性。但另一方面，他缺乏長遠打算，只能應付一時。經覺在越智和朝倉身上費盡心力就是個典型。經覺個人雖無妨，但對興福寺或大乘院來說，受武士擺佈，一定會有所不滿。

在這一點上，尋尊一直沉著冷靜。他不會對眼前發生的事情下輕率的判斷，而是考察記錄，調查過去的相似事例後再下決斷。這一態度可謂相當消極，但大乘院雖然屢遭挫折仍能從大亂中生存下來，靠的正是門主尋尊的慎重。

關於政覺

經覺與尋尊在圍繞尋尊繼任者教育的問題上產生了分歧。尋尊的繼任者是即將擔任下任門主、已進入大乘院門跡的政覺。

政覺是二條持通之子，生於享德二年（一四五三）。寬正三年（一四六二）四月末，將軍足利義政詢問滯留京都的經覺，可否讓二條家的子嗣做尋尊的弟子。經覺無異議，但仍有一個問題。二條家雖然是攝關家，但與經覺的本家九條家、尋尊的本家一條家不同，其子嗣不曾有過入大乘院的先例。中世的人們不喜歡沒有先例的事情。

於是，在經覺提議下，二條家的子嗣做了將軍足利義政的猶子。本來也可以做太閤（前關白）一條兼良的猶子，但為避免一條家和九條家因大乘院的控制權產生矛盾，就採取了成為將軍猶子這一中立方案。經覺向奈良的尋尊派去使者，一面告訴他繼任者確定之事，一面催促他上京，向將軍致謝（《大乘院寺社雜事記》《經覺私要鈔》）。

五月五日，尋尊上京，六日前往將軍御所與足利義政會面，贈送了禮品。經覺也一同前往。足利義政命二人「好好照看他，各階段的法會要好好指導他」（《經覺私要鈔》）。爾後，尋尊與經覺拜訪二條家，與二條持通父子見面（《大乘院寺社雜事記》）。

十二月八日，二條家公子從京都出發去奈良興福寺，進入大乘院，當時十歲。公子在第二年出家，法名政覺。

因為以上的過程，經覺認為自己是政覺的監護人。因而，圍繞對政覺的指導，經覺與尋尊產生了分歧。應仁元年（一四六七）五月二十三日，經覺給尋尊送去書信，質疑政覺的學問（法相宗經典等的學習）沒有進步，並提議從下個月起，讓寬尊和賢英兩位僧侶交替指導政覺，各自教滿十五天。二十四日，尋尊回信說：「照您的意思辦。我也是這麼考慮的。」（《經覺私要鈔》）

然而尋尊五月二十三的日記中並沒有記錄收到經覺的書信一事。尋尊在二十四和二十五日的日記中記錄說，命政覺下個月起開始讀《成唯識論同學抄》，並讓賢英指導他（《大乘院寺社雜事記》）。被經覺挑毛病，慌慌張張開始為政覺的教育費心這「不合適的真相」，並未被記錄下來。

經覺在應仁三年四月二十六日又教訓政覺「不好好精進學問，豈有此理」（《經覺私要鈔》）。政覺怎麼說也是尋尊的弟子，經覺的介入對尋尊來說是越權行為。尋尊在日記裡時常寫道「自己不是經覺的弟子」、「經覺不過是隱居之身罷了」，他對在各方面插手大乘院內部事務的經覺的不滿，可見一斑。

說尋尊不考慮政覺的將來純屬無稽之談。相反，他竭盡全力保證政覺適任門主。雖說是貴種僧，若不能在重要法會上熟練地承擔竪義者之職，就沒有擔任別當的資格。尋尊於十六歲通過方廣會竪義考試、十八歲通過法華會竪義考試、十九歲通過慈恩會竪義考試。政覺的經歷則是十四歲通過方廣會竪義考試、十七歲通過法華會竪義考試，二十歲通過慈恩會竪義考試，幾乎與尋尊步調一致，可見尋尊是以自己為先例來安排政覺的學習的。

第一章提到，這個時期的竪義與其說是考試，不如說是儀式，正因如此，尋尊才對政覺的排場費心不已。準備漂亮的服裝、轎子自不待言，還安排了大量的隨從，組織華麗的佇列。此外還舉行「大饗」這樣的宴會儀式。

舉辦這一系列儀式的巨大費用，大致透過從大乘院所屬各莊園徵收的「段錢」解決。所謂段錢，就是以「土地一反[6]徵收錢幾文」的方式，向百姓們徵收的臨時稅。

寬正三年，迎接政覺入大乘院，尋尊徵收了入院段錢，然而到了指定的日期，未交的莊園為數不少，尋尊於是命令眾徒和國民對其實施武力討伐。眾徒、國民對出兵態度消極，但由於筒井、十市等派出屬下去威嚇，大多數莊園都交了稅金。應仁二年政覺受戒、接受方廣會豎義考試時，縱然處於應仁之亂中，還是徵收了段錢。這時眾徒、國民也亮出了武力。後世的史學家讀到這樣的史實，難免對尋尊評價不高，這是可以理解的。

文明三年（一四七一），政覺接受慈恩會豎義考試時也徵收了段錢。然而學侶、六方眾表示反對。慈恩會是在法相宗祖師慈恩大師[7]的忌日十一月十三日舉行的法會，是興福寺「十二大會」之一。和興福寺第一的法會維摩會及僅次於維摩會的法華會相比，規格較低。因而，他們批判道，沒有必要誇張到徵收段錢的地步。

對此，尋尊反駁說，良家、普通僧侶的慈恩會豎義，與有朝一日將成為門主的政覺的慈恩會豎義的重要性完全不同。且孝円、經覺、尋尊歷代門主在擔任慈恩會豎義時都徵收了段錢，那麼這次也應該徵收。雖然尋尊未說出「和你們這些身分低微之輩能一樣嗎」這種話，但氣勢洶洶，學侶和六方眾或許被氣勢壓倒，只能作罷。

不過，這時候徵收段錢十分困難，不得不借助眾徒、國民的力量。尋尊在日記中寫下了向他們贈送謝禮的屈辱。

尋尊費盡心力徵收段錢完全是為政覺考慮。這是為了透過盛大的法會提高政覺的權威。從現代人的角度來看，這無非是些讓民眾陷入困苦的「無意義的公共事業」，但身分秩序的穩定維持能夠帶來社會的安定與和平，尋尊的此一想法也並非不能理解。

應仁之亂中，大和未淪為戰場，這與興福寺權威尚在並非無關。筒井等眾徒與國民雖有小規模衝突，但絕不會把他國的武裝力量引入大和國。其中一個原因就是為了確保興福寺的法會及春日祭這樣的儀式順利舉辦。誇張點說，興福寺的存在保障了大和國的和平。

亂中遊藝

一條家避難

應仁之亂開始後，尋尊的父親一條兼良從一條室町的宅邸搬到兒子嚴寶擔任門主的九條隨心院居住。一條兼良的家人到奈良去投靠尋尊，但由於他身為關白，不能離開京都，因此搬到京都的遠郊居住。此後，一條室町的宅邸與文庫桃華坊共同化為灰燼。

但隨著戰亂擴大，九條附近也不安全。一條兼良最終下定決心離京，於應仁二年（一四六八）八月帶著孫子一條政房及女官、家臣去奈良（《大乘院日記目錄》）。大概是因為到這時候，受戰亂影響，京都的朝廷處於停業狀態，心理上的抵抗也消失了吧。不久，隨心院嚴寶也避難到了奈良。

尋尊將大乘院下屬的院家成就院提供給一條兼良等居住。一條兼良同族、從屬官僚人數眾多，而且作為寄食者，身為最高級貴族的一條兼良並沒有節儉生活的想法。為了維持他們龐大的生活開銷，尋尊或是借錢、或是向大乘院領地徵收段錢。

在尋尊的財力支持下，一條兼良一家的避難生活絲毫不亞於在京都時，既優雅又愉悅。當時，鷹司房平、政平父子，近衛房嗣、政家父子等多數公家為躲避戰火都已疏散到奈良，因此他們並不缺少尋歡作樂的夥伴。

首先是連歌。當代數一數二的文學家一條兼良在成就院頻繁舉辦連歌會。尋尊當然參加，經覺也經常參與。實際上，大亂之前經覺上京時，時常到醍醐寺三寶院與三寶院義賢或一條兼良享受連歌的樂趣。以前就有私交，於是也就能心情暢快地到成就院遊興。其他的公家與大乘院門徒也會參加。

應仁之亂前，生活在京都的攝關家貴族與奈良興福寺僧侶一起舉行連歌會的機會相當罕見。應仁之亂所產生的意料之外的文化交流，為雙方都帶來了刺激。

成就院還經常舉行宴會。文明二年（一四七〇）二月三十日，一條兼良宴請鷹司房平、政平父子，一乘院教玄、經覺、尋尊等。一條兼良等俗人食魚，經覺、尋尊等僧人吃齋（《經覺私要鈔》）。他們「終日大酒」，十分喧鬧（《大乘院寺社雜事記》）。

一條兼良還對薪猿樂（薪能）感興趣。文明二年二月，一條兼良請求經覺、尋尊找人在禪定院表演薪猿樂。每年二月上旬，作為興福寺修二會[8]的附屬項目，在興福寺南大門和春日若宮會上演猿樂。此外興福寺別當慣例會另選兩日，將猿樂團隊請到自己的僧坊表演。這就叫別當坊猿樂。但是，別當坊猿樂僅僅在擔任過或即將擔任一乘院、大乘院門主的人出任別當時，才會舉行，其他院主就任別當時不舉行。這時的興福寺別當是前大乘院門主經覺，所以就在大乘院門主的居住地禪定院舉辦。

薪猿樂表演與酒宴一起舉行，由於開銷巨大，經覺內心裡是不願意主辦的。本來別當坊猿樂就不是正式活動，不過是別當的個人招待而已。但是，既然是一條兼良的願望，便無法拒絕。經覺命令興福寺四目代（修理目代、通目代、會所目代、公文目代）承擔費用，果然，他們都有各種理由，不願意付帳。經覺斥責了找藉口的四目代，尋尊也命令四人出錢。死了心的四目代各自交納了一百五十疋（一貫五百文錢）。

最初的計畫是在十一日舉行，但大雨突降，延期到十二日。由於別當坊猿樂是只要與興福寺相關者，無論身分高低都可以觀看，於是聚集了大量觀眾。古市胤榮也帶著同族與家臣前來觀看。坐在特等席的是一條兼良，鷹司房平、政平父子，隨心院嚴寶等。出演的團隊是金春座和寶生座，二者的演出都美輪美奐，令眾人讚不絕口（《大

一條家世系略圖

兼良
- 教房—政房
- **尋尊**
- 嚴寶

乘院寺社雜事記》《經覺私要鈔》）。

另外，禪定院入浴時，一條兼良、隨心院嚴寶等也一同前來。經覺、尋尊、嚴寶還結伴去過己心寺的大浴場（《大乘院寺社雜事記》《經覺私要鈔》）。奈良原本就盛行入浴泡澡的文化，經覺、尋尊更是特別喜愛。一條兼良、嚴寶來到奈良後，也對奈良的浴場著了迷吧。

古市的「林間」

經覺在古市迎福寺的樂趣之一，是古市氏舉行的「林間」。在《經覺私要鈔》中出現的「林間」，戰後很快引起了關注。堀內他次郎注意到從浴場出來後飲茶這一現象，將其稱為「淋汗茶湯」。

此後，「淋汗茶湯」的研究得到發展，一般是從茶道史的角度進行論述，關注點主要集中在茶湯方面。近年來有學者提出批判，稱入浴和飲茶並非不能分開，飲茶僅僅是入浴後休閒活動中的一項而已。因此，有必要結合《經覺私要鈔》中有關「林間」的史料，再次予以考察。

且說，經覺日記中記錄的「林間」，正如先前的研究所述，其實指「淋汗」9二字。「淋汗」是禪宗用語，指禪宗寺院中夏季入浴之事。因此，「林間」基本可以理解為入浴招待。

在中世，燒水入浴是招待客人的一種方式，因而舉行「林間」的不單是古市氏。

經覺上京時，經常順便到醍醐寺三寶院落腳，在那裡受到「林間」招待。

然而，古市胤榮招待的「林間」，比世上一般要豪華得多。我們來看文明元年（一四六九）的例子。這一年從五月二十三日開始。經覺命令僕人們協助古市胤榮同族、家臣一同燒水。浴場準備了茶湯，茶有上等宇治茶與下等的椎茶兩種——或許是為了鬥茶（品茶），還有白瓜二桶、山桃一盆。此外蓮葉上盛有素麵與食鹽。這裡的素麵與其說是麵，可能更接近於燙蕎麥糕。另外有裝了酒的一斗樽五個。

這樣看來，「林間」不只是飲茶，還包括飯食和飲酒。入浴之後，舉行了宴會。七月十日的「林間」中，所有的參加者都喝得酩酊大醉。

此外，浴室還裝飾有插花、屏風、掛畫、香爐等。古市鄉的農民們也前來看熱鬧。八月三日「林間」時，不是在浴池，而是在水槽之上漂浮著錦緞製成的富士山，讓人聯想到現在澡堂裡畫的富士山。八月六日「林間」時，經覺記錄道：「水池上做蓬萊山，龜之頭朝西，龜口有酒吐出，甚為精巧，龜之四足為水池四方角。」中國古代的神話中，有背負蓬萊仙山的大龜（靈龜），因而，應該是水池本身被造成大龜的形狀。龜口中吐出的不是熱水而是酒，這完全就是個酒池肉林的世界。

現在的祭典活動中，人偶等道具與神轎都是絕不可少的，中世稱其為「風流」或「造物」。模仿富士山或靈龜鑄造的工藝品是風流的一種形式。由於這種「風流」在使用一次後就會毀壞，無法再利用，工錢與費用不容小覷。

古市胤榮策劃的豪華絢爛的「林間」，可謂前無古人後無來者。尋尊也入浴了，但未曾賞玩「林間」。可以說這是古市胤榮的個人興趣。即便是古市胤榮，如此浮華的「林間」，也只在文明元年這一年舉辦過而已，恐怕古市鄉的「林間」僅僅風靡一瞬就消逝了。

無論如何，在應仁之亂中還能舉行如此豪華壯麗的遊興活動，實在令人震驚。也許無論對經覺還是對古市胤榮來說，京都的戰事，不過是隔岸觀火罷了。

---

1 南都傳奏是處理南都寺社（興福寺、東大寺、春日大社）奏請的職務。
2 目代即代官，別當在某一事務上的代理人。
3 日語裡名字與苗字同音同義，相當於姓氏。
4 根據共同意願組成的某種聯合體。比如土一揆、德政一揆、法華一揆等。
5 名字中帶有坊號，說明他是一位僧侶。中世從事金融業活動的主要是僧侶。
6 土地面積單位。段錢這裡指按土地面積比例徵收的一種賦稅。
7 基法師（窺基），玄奘的弟子。
8 每年二月舉行的定例法會叫修二會，正月舉行的定例法會叫修正會。
9 「林間」與「淋汗」日語讀音相同。

第五章

眾徒、國民的掙扎

中世都市奈良

大亂的轉捩點

古市胤榮的悲劇

中世都市奈良

奈良的居民

本書是以在奈良活動的經覺和尋尊為焦點人物來描寫應仁之亂的，然而究竟奈良是個怎樣的都市，有什麼樣的人居住在那裡，下面根據安田次郎的研究進行一個簡單的說明。

過去奈良曾為建都之所，即平城京，因為位於京都以南，也被稱作「南都」[1]。如第一章所述，因為平氏南都燒討，興福寺和東大寺被熊熊烈火吞噬。大乘院也被燒毀，此後大乘院門主居住在唯一倖免的禪定院中。中世都市奈良就是在南都燒討之後的復興當中再生的。

興福寺周邊有數十個小鄉，興福寺設置七個鄉，作為統轄這些小鄉的行政單位。這七個鄉是南大門鄉、新藥師鄉、東御門鄉、北御門鄉、穴口鄉、西御門鄉和不開門鄉。戰國時代的文獻稱它們為「南都七鄉」。此外還有大乘院鄉、一乘院鄉、元興寺鄉等。每個鄉中，除了寺社的僧侶外，還有為寺社服務的商業、手工業從業人員及藝人居住。這些都市居民被稱為「鄉民」。

鄉民從屬於興福寺或東大寺、春日社，或大乘院、一乘院（興福寺的院家）、東南院（東大寺的院家）這樣的某個南都寺社。他們從寺社得到公人、神人、寄人等身分，獲得一定特權。作為交換，他們要為寺社承擔一定義務。比如說，一些鄉民透過向興福寺獻納燈油，從興福寺獲得作為賣油商人進行貿易的自由和權利。就是這樣一個狀況。

除了獲得身分所附帶的義務外，南都七鄉還要承擔興福寺的勞役，也就是住民稅。其中有名的有七鄉人夫役。這是興福寺別當為開展建築工事或法會等，從七鄉徵調人力的一種勞役。

寬正六年（一四六五）十月，大乘院尋尊請求當時的別當松林院兼雅徵調七鄉民夫三十人。但是，負責奈良市政的官符眾徒首領筒井順永認為七鄉居民承受勞役繁多，甚為疲敝，於是告知兼雅「請不要讓別當以外的人使用七鄉人力」。然而如前所述，松林院是大乘院下屬的院家。對兼雅而言，尋尊是他的主君，縱然他高居別當之位，也不能斷然拒絕尋尊的請求。無可奈何之下，兼雅從荒蒔莊等松林院的莊園調遣了人力三十人，交與尋尊使用（《大乘院寺社雜事記》）。

筒井順永於文明二年（一四七〇）將自己差使的民夫限定在每年三百人，同時限定了別當所能差使的人數（《大乘院寺社雜事記》）。這樣看來，筒井順永也並不一定對興福寺唯命是從，他同時重視奈良鄉民們的態度。若得不到都市居民的支持，想要治理奈良這樣一個都市是不可能的。

御祭

現在依然延續的春日若宮祭禮，即「御祭」，一般認為始於保延二年（一一三六）擔任關白的藤原忠通。然而安田次郎質疑此一定說，他認為這一祭禮是從興福寺開始的。本書贊同安田氏的意見。

御祭的核心是遷幸之儀和還幸之儀，也就是將若宮神從若宮本殿請至御旅所，次日再從御旅所請回本殿。若宮神的載體是附於神木上的神鏡，宮司手托神木，向御旅所走去。另有神官數十人圍成幾層，與宮司一同手捧神木，守衛神靈。開路的神官通過長嘯、雅樂和薰香共同製造出神秘的氛圍，讓中世人獲得一種毛髮悚然的體驗。

御祭中不只有興福寺僧侶，大和武士（眾徒、國民）也以流鏑馬十騎的形式參與其中。此外，御祭舉行時，春日神人會被派遣到大和國東西南北四境結界。於是，大和國全境成為聖域。御祭是大和一國全體動員的大規模祭禮，是興福寺支配大和全境的象徵。

在平安、鎌倉時代，御祭的日期是九月十七日，十五世紀時原則上在十一月二十七日舉行。具體來說，十一月二十六日是遷幸之儀，二十七日是還幸之儀，二十八日舉行猿樂和田樂。即便在應仁之亂中也無間斷，年年舉行。

流鏑馬的時間是二十七日。在眾徒和國民獨佔流鏑馬任務後，長川、長谷川、平田、葛上、乾脇、散在六黨輪番上陣，擔當流鏑馬射手，即：

第一年　平田　乾脇　散在
第二年　長川　長谷川　散在
第三年　平田　葛上　散在
第四年　長川　長谷川　散在
第五年　與第一年相同

在這一順序確定前，圍繞流鏑馬的順序，眾徒和國民紛爭不斷。對他們來說，流鏑馬是向人們展示自身武藝的盛會，第幾個上場射箭，是關係家族名譽的問題。

但是，在順序確定前後，成年男子不再擔負流鏑馬任務，改由稚兒出任，流鏑馬的性質發生了轉變。中世的稚兒類似偶像，面容俊俏、衣著華麗的稚兒令眾人瘋狂。眾徒和國民不再是射手，以願主人（事務執行人）的身分參與其中。

此外，古市不屬於其中任何一黨。另一方面，古市氏在大乘院家的坊人中地位較高，具有能在門主那裡出家的特別資格。由於古市氏的據點離奈良近，古市氏相對於興福寺的自立性較弱，比起武士，他們的身分更接近僧侶。

古市作為武士登上舞臺，是在古市胤榮的父親胤仙的時代，其方法也頗有古市之風。胤仙將經覺請到古市，利用其權威擴張了勢力。雖然如此，胤仙並不只是依賴舊統治階級的守舊派，反而經常違背興福寺的意思，犯下「惡行」。胤仙猝死時，尋尊評價道：「此乃春日大明神的懲罰。」（《大乘院日記目錄》）

與之相比，古市胤榮給人的印象是對舊體制保持恭順。後面將會提到，他發揮主體性主要是在文化層面，而非政治層面。

古市的盂蘭盆舞

盂蘭盆，即「盆」，指舊曆七月十五日前後數日舉行、為死者超渡的活動。也就是將包括祖先在內的亡靈迎入自家供養，爾後又送回彼世。

盂蘭盆時，為供養諸靈，可以讀經或念佛。但到了十五世紀，全國各地都在流行所謂的「念佛風流」。這是由念佛與各種演出組成的活動，核心是一邊念佛一邊跳舞的「跳舞念佛」。此外還有使用其他道具的華麗化裝佇列，以及非專業演員表演的相撲、猿樂、獅子舞等。

盂蘭盆的念佛風流在奈良大為流行，但長祿三年（一四五九），六方眾禁止夜間的念佛風流。尋尊表示讚賞：「非常好。」寬正五年（一四六四），白天的念佛活動也遭禁止。文明元年（一四六九），筒井順永等官符眾徒發佈奈良念佛風流禁止令。尋尊對禁止念佛風流表示贊同，但對連念佛也一併禁止抱持疑問。

尋尊之所以反對禁止念佛，是因為他覺得聽不到孩子們的聲音和法螺、鐘聲，這鴉雀無聲的盂蘭盆讓人毛骨悚然。但他又支持禁止念佛風流，是因為風流的佇列與興福寺嗷訴相似。對注重秩序的尋尊來說，風流或者嗷訴的喧囂是應當禁止的。

六方眾與眾徒為什麼禁止念佛風流呢？安田次郎認為是為了「維護治安」。的確，大量平民參與御祭，人們異常興奮，容易發生口角和矛盾。此外，興福寺對下級僧侶專注念佛風流，怠於準備法會而感到憂慮（《大乘院寺社雜事記》）。

前一章提到，古市盛行湯浴，文明元年七月，古市的燒水爐壞了，修理費高達三千疋（三十貫文錢）。如何徵調資金是個問題，古市胤榮想到了之前奈良發佈的念佛風流禁止令。於是，他想為這些因沒機會跳舞而遺憾不已的奈良及近郊居民們提供一個跳舞的場所。

古市胤榮設置了一個小屋，在裡面可以跳舞，每個進場者需要繳費。安田次郎稱其為「日本最早的收費舞廳」。並且，古市胤榮命令古市鄉的農民每家派人參加，聚集大量男女同舞。這是一種招攬顧客的手段。聽到傳言，很多人從奈良等地趕來，看到其他人興高采烈跳舞的樣子，越來越多人被吸引進去。南北出入口有人值守，據說每人徵收入場費六文。此外還建造了兩軒茶屋。經覺則站在看臺上，觀看人們舞蹈（《經覺私要鈔》）。但對念佛風流持否定態度的尋尊沒有前去觀看，而是留在奈良（《大乘院寺社雜事記》）。

古市胤榮的生意取得了很大的成功，聚集了三千人。若每個人徵收六文錢，總收入就是十八貫文錢。加上茶屋也有收入，於是，和計算的一樣，燒水爐的修理經費幾乎賺到了。前一章的「林間」也是，這些事蹟均可見古市胤榮在策劃和舉辦文娛活動方面具有非凡的才能。

古市胤榮年僅九歲就在盂蘭盆風流中擔任伴奏，是個天生善於遊藝的人。收費跳舞既能掙錢，更能娛己。說起來，燒水爐本身也是個娛樂設施，在應仁之亂中投入高額經費修理燒水爐，這種想法普通人是絕不會有的。

大亂的轉捩點

成身院光宣的死

文明元年（一四六九）七月末，前年大亂爆發以來，在京都作為東軍一方活動的成身院光宣返回奈良。醍醐前由細川、赤松軍護衛，醍醐後由前來迎接的大和武士五百人護衛，保證光宣途中的安全（《大乘院寺社雜事記》）。光宣在應仁之亂初期是東軍的中心人物，大為活躍。此後，隨著東軍增援部隊陸續入京，他在東軍內部的存在感日益降低。光宣大概是為了重整旗鼓才暫時返回自己的據點奈良吧。

十月末，光宣率軍奔赴宇治真木嶋氏的宅邸。光宣意欲再度上京，終因身體不適，未去京都而返回奈良。十一月二十日，時年八十歲的光宣去世（《大乘院寺社雜事記》）。筒井順永的次子筒井順宣繼承了成身院。

尋尊對光宣的情感是複雜的。光宣長年作為六方眾一員為興福寺盡心盡力，在為春日社神事和興福寺法會等籌措經費方面出了不少力。尋尊稱讚光宣是「大正直之人」。

另一方面，尋尊又評價光宣說「如今天下大亂，皆是此人謀略所致」，視其為應仁之亂的元兇。他對光宣身為僧侶卻積極參與戰事持批判態度，在日記中寫道：「他簡直和平清盛（平清盛出家後仍掌握政治實權，專橫跋扈）一樣。」

關於尋尊對光宣的評價，也有學者認為他過度強調了光宣的作用。身在奈良的尋尊，對於京都進行中的應仁之亂全貌並不能完全把握，他只能從光宣等興福寺相關人物那裡獲取情報、推測戰況，自然而然就做出光宣是應仁之亂幕後推手以及東軍參謀這種過高的評價。

確實，尋尊有高估光宣活動的傾向，但筆者以為，光宣是應仁之亂的關鍵人物這一事實是無可撼動的。應仁之亂爆發的原因很多，直接導火線是畠山氏的家督之爭，將軍足利義政試圖透過努力解決畠山問題來結束戰亂也可以證明這一點。

然而，畠山氏的家督之爭愈發惡化、複雜化，並不僅僅因為足利義政舉棋不定，一直支持著彌三郎、政長兄弟，與義就徹底抗戰的成身院光宣和筒井順永的存在感是非常巨大的。軍事上較弱的政長若無筒井氏的援助，不可能與畠山義就對抗。從這一點上來講，「光宣就是招致大亂的罪魁禍首」，尋尊的這一評價正中靶心。

但是，光宣的活躍時間基本上僅限於應仁元年（一四六七）這一年間。隨著戰亂的大規模化和長期化，最多只能動員數百兵力的光宣的出場機會就減少了。京都的戰事已經不是光宣所能處理得了。即便光宣還能再稍微多活一段時日，也無法再左右戰亂的走向。

話雖如此，至少在大和國一國內，光宣的死仍帶來巨大的衝擊。筒井順永的政治影響力正在降低是難以掩蓋的，此後，東軍一方在大和陷入了艱難的境地。

朝倉孝景倒戈

文明元年（一四六九），畠山義就制伏西岡，大內政弘攻入攝津國，西軍攻勢仍在持續。應仁二年（一四六八）十一月西幕府成立後，明確支持東軍的將軍足利義政和政所執事伊勢貞親為打開局面，謀劃弱化西軍。

說起來，應仁之亂一直無法看到結束的兆頭，也是因為東西兩軍戰力勢均力敵。為打破這一均衡，有必要實施策略，砍掉西軍一角。

他們的目標是斯波義廉軍。斯波義廉不過是傀儡，實際指揮義廉軍的是朝倉孝景。而且越前目前斯波義敏一方處於優勢，朝倉孝景陷入苦戰。這時已經出現即便孝景倒戈東軍也不足為奇的狀況。

足利義政對朝倉孝景的勸誘從應仁二年開始，文明元年以後變得正式。伊勢貞親在文明元年七月二日的書信中說：「您加入我軍，竭盡忠誠一事，實在是神妙之至。」（《朝倉家記》）由此看來，朝倉孝景已經認可了向東軍倒戈一事。

然而，朝倉孝景完全沒有採取具體的軍事行動。大概越前的朝倉孝景知道京都近郊的西軍處於優勢，對與西軍的決戰態度消極。伊勢貞親在十二月八日的書信中說「請盡快建立戰功」，催促孝景出兵（《朝倉家記》）。

與朝倉孝景關係密切的赤松政則，以及政則的重臣浦上則宗也來說服朝倉孝景。對此，孝景要求任命他為越前守護。現任越前守護是東軍的斯波義敏，想要剝奪義敏的越前守護一職交給朝倉孝景，根本是不可能的。但是，足利義政和細川勝元無論如何都想把孝景拉到自己這一方，遂於文明三年五月二十一日承諾「以後任命你為越前守護」，將朝倉孝景拉攏過來（《朝倉家記》）。

當年六月八日，留在京都的朝倉孝景嫡子朝倉氏景跑到東軍細川成之的宅邸去。氏景於十日獲准謁見將軍足利義政（《經覺私要鈔》）。越前的朝倉孝景也出兵到今立郡河俣（今福井縣鯖江市上河端町）（《東國御陣之次第》）。如此一來，朝倉孝景倒戈東軍一事，已眾人皆知。

為討伐朝倉孝景，西軍甲斐敏光（八一頁）前往越前。足利義政「任命你做越前守護」的承諾未獲履行，朝倉孝景陷入苦戰。八月五日，尋尊收到朝倉戰敗的消息。據消息稱，朝倉孝景當時自稱越前國司，身著立烏帽子及狩衣，舉止如貴族一般，越前的武士因他的驕傲而憤怒，於是背叛朝倉，朝倉遂敗於甲斐一方（《大乘院寺社雜事記》）。

尋尊雖對朝倉孝景的桀驁不馴予以批判，但據大藪海的研究，孝景之所以僭稱國司，乃是因為東幕府完全沒有任命他為越前守護的意思，遂使出了苦肉計。然而，已經名存實亡的國司頭銜無法拉動武士，在西軍的越前守護代甲斐敏光面前僅能慘敗而歸。

身著立烏帽子及狩衣的傳言怎麼看也不像事實，但無論真偽，尋尊無疑對朝倉地位上升非常不快。朝倉這樣的卑微之人竟身處高位，擾亂身分秩序，對處於最上層階級的尋尊來說是不可容忍的。

尋尊的這種守舊性一直為研究者所指摘。但另一方面，由於朝倉歸降東軍，越前的興福寺大乘院所屬坪江莊的田租收入情況好轉，讓尋尊十分欣喜，這也是事實。如果說他是個勢利之人確實也是如此，但不可忘記的是，尋尊絕不是一個只執著於觀念而沒有生活能力的人，他對現實的判斷非常準確。

順帶說一句，下一章將會提到，朝倉孝景重整旗鼓後，擊破甲斐氏，平定越前。越前是通向京都的重要補給線，東軍完全控制越前後，其優勢地位就確定下來了。朝倉孝景的倒戈是戰局的轉捩點，這已是學術界的共識，可見，足利義政的判斷是正確的。

西軍擁立後南朝後裔

應仁之亂長期持續的過程中，南朝皇子的後裔們趁著混亂蠢蠢欲動。文明元年（一四六九）十一月，南朝後裔兄弟一人在大和國吉野深處，另一人在紀伊國熊野起兵（《大乘院寺社雜事記》）。

後南朝勢力起兵令西軍非常關心。西軍雖擁立足利義視，但足利義視終究不過是將軍的弟弟而已，而且還被後花園法皇打上「朝敵」的烙印。在大義名分的層面上，西軍仍然不如東軍。因此，透過直接擁戴繼承南朝皇族血脈的後裔為天皇，來與東軍的天皇、將軍權威對抗的構想誕生了。最先想到這個辦法的是越智家榮。越智家榮的父親越智維通在大和永享之亂中曾與後南朝勢力合作，家榮和後南朝勢力有親近感。

然而，「南帝」推戴方案讓畠山義就頗有難色。若擁立新天皇，需要向新天皇獻上領土。在這種情況下，就得獻上後南朝勢力的核心、楠木氏勢力範圍內的紀伊和河內兩國，但兩國都是畠山義就的領國。畠山義就不願意割讓自己的領地，遂表示反對。但經足利義視與西軍諸將的勸說，畠山義就最終同意。

在熊野起兵的南朝後裔（弟弟）接受畠山義就的支援，進入紀伊國海草郡的藤白（今和歌山縣海南市）。在吉野起兵的南朝後裔（哥哥）進入與越智氏有關的壺坂寺。文明二年後，南朝勢力活躍，應該是因為成身院光宣病逝後，大和的東軍勢力消退所致。

文明三年八月，南朝後裔（哥哥）離開壺坂寺，經古市最終進入京都。西軍將這位「新主上（新天皇）」迎請到北野松梅院（北野天滿宮的院家），此後由於警備上出了問題，於是又轉移到西陣附近一個名為安山院的尼寺。這是因為該寺院的住持是山名宗全的妹妹。南朝後裔（弟弟）也上京與其同住（《大乘院寺社雜事記》）。閏八月，他們又轉移到二條家，計畫有朝一日進入內裏[2]（《經覺私要鈔》）。

關於「南帝」的出身，當時眾說紛紜，尋尊記錄說，可能是後村上天皇（後醍醐天皇皇子、南朝初代天皇）的後裔，也可能是小倉宮之子，他將眾多不同的謠言記錄了下來。最可信的是小倉宮後裔、岡崎前門主的子嗣吧（《大乘院日記目錄》）。年齡據說是十八歲。

根據將妹妹所在的尼寺提供出來這一情況來看，在擁立南帝一事上最積極的大概是山名宗全。而起初贊成擁立的足利義視，此時卻對迎接南帝入京表示反對。西軍諸將在向入京後的南帝行臣下之禮時，據說足利義視沒有行禮（《大乘院寺社雜事記》）。

足利義視為什麼會轉變態度呢？最重要的原因大概是朝倉孝景的背叛，使東西兩軍的均衡態勢被打破。足利義視對西幕府的未來感到悲觀，開始尋求與兄長足利義政和解。在這種情況下，擁立南帝，對足利義視而言有百害而無一利，實乃愚蠢之策。

尋尊也對擁立南帝表示質疑，認為這將「導致公家滅亡」。南朝、西幕府體制成立，是對北朝、東幕府的權威針鋒相對地否定，有可能從根本上顛覆室町時代的社會秩序。熟知歷史的尋尊，一定想到了南北朝內亂的悲劇。

偏向西軍的經覺也對擁立南帝表示憂慮。他歎息道：「東西兩軍的爭鬥越來越難以結束了。」應仁之亂原本只是幕府內部的權力鬥爭，隨著南帝的擁立，又進入了一個新的階段。也就是說，室町幕府失去作為「北朝的軍隊」守衛「室町的和平」的職責。

古市胤榮的悲劇

家臣們的反叛

文明二年（一四七〇）七月十九日，大內政弘軍進攻京都近郊的勸修寺，東軍逸見彈正自盡（《經覺私要鈔》）。大內勢力甚至進攻醍醐和山科（《大乘院寺社雜事記》《經覺私要鈔》）。七月末，從屬細川勝元的「山城國十六人眾」大部分投降大內政弘，剩下的狛氏和木津氏下落不明（《大乘院寺社雜事記》《經覺私要鈔》）。

從木津（今京都府木津川市木津）徒步到興福寺只需要一個半小時。與奈良近在咫尺的南山城地區落入大內氏的控制，令興福寺及大和武士驚慌。為避免大內軍進攻大和，興福寺學侶命令筒井、箸尾等細川一方的大和武士退出奈良，將奈良的防禦交給豐田、豐岡、古市等（《大乘院寺社雜事記》）。但筒井依舊賴在奈良不走。

大內政弘的活躍對於西軍一方的古市胤榮來說是個擴大勢力範圍的好機會，但胤榮卻沒時間因為大內軍的進軍欣喜，就在他的腳下發生了大規模的騷動。

文明二年六月，古市的家臣們扣押了古市運往伊勢的貨物。禁止從自己的領地輸送物資，是一種經濟封鎖，當時被稱為「荷留」。戰國時代，今川氏真為制裁武田信玄，曾禁止從駿河向甲斐輸鹽，這是很有名的事例。

本次扣押是奉了興福寺的命令。因為伊勢北畠氏的家臣侵害了興福寺的利益，興福寺遂封鎖前往伊勢的道路，向北畠氏施加壓力（《大乘院寺社雜事記》）。古市胤榮接受了興福寺的命令，要求家臣與民眾實行。得到掠奪許可，家臣十分歡喜，將送往伊勢的貨物順手沒收了。

但是古市的家臣卻失手將胤榮送去伊勢的貨物也一併沒收。古市胤榮大怒，將首謀二人斬首，導致同族和家臣共三十人逃亡。

逃亡的三十人與其說是恐懼古市胤榮的處罰，不如說是對他實施斬首這一苛酷刑罰表示抗議，遂集團逃亡，也就是罷工。

三十位同族和家臣逃亡，不可避免地導致了古市勢力的弱化。他們以為這樣古市胤榮應該會軟化態度，但胤榮反而更加強硬。尋尊調停說「不如饒了他們吧」，胤榮不聽，與他們斷絕了關係。

七月，三十人中的二十一人在高野山[3]出家隱居。這個時代的寺院有避難所的功能，不允許世俗權力介入。因此，對逃到高野山的人，古市胤榮不能再出手。換言之，這二十一人不是乞求古市胤榮的原諒，而是宣告與胤榮斷絕交往。這樣一來，事態更趨於長期化了。

經覺與古市胤榮交涉，成功讓被胤榮拘禁、與事件有關的平民六人得以釋放。但對同族和家臣的赦免胤榮頑固地拒不點頭，只得作罷。

有的研究者認為，胤榮總是拒絕尋尊與經覺的調停，反映出他強力的家臣團控制，但問題並非如此。與其說他態度毅然決然，倒不如說他不過是脾氣暴躁罷了。騷動以次年，即文明三年四月，胤榮接受同族和家臣們的謝罪，將其赦免的形式結束。隨著時間的流逝，古市胤榮的怒氣終於有所緩解了吧。

縱然如此，最終實現了和解，但三十位家臣大舉拋棄主君一事絕不會輕易了結。雖然直接導火線是扣押事件，但應該說在此之前，家臣們對胤榮就懷有不滿。

筆者臆測，或許是因為古市胤榮的文化志向遭到了反對。前一章提到的「林間」及本章第一節提到的念佛風流等，古市胤榮對文化事業傾心盡力，即便在應仁之亂中也絲毫未改。負擔當然就壓到了家臣們的身上。

前面已提到，文明元年七月，古市舉行了大規模「林間」，這年卻沒有舉行，因為根本不是時候啊。但反過來想，若未發生家臣集團逃亡事件，可能這年也會舉辦與頭年相同、甚至更大規模的「林間」。而且，這年盂蘭盆風流如往年一樣舉行，但僅在古市城，風流未到經覺處，規模也比往年小了。

足利義政是個知名的愛好文化的專制君主，古市胤榮也是同類型之人。無視現實的戰亂終日享樂，以致於失去了家臣們的支持，胤榮會遭此境遇可謂理所當然了。

依靠經覺

說起來，對古市胤榮在應仁之亂中的所為還是要打上問號。因為他與斯波義廉、朝倉孝景以及越智家榮結盟，此前的研究將其視為西軍一方；但另一方面研究指出，古市胤榮極少作為西軍展開軍事行動。

就此，學者評價說：「他並不深刻介入京都的戰亂，而是趁著筒井氏實力削弱的機會，擴張在奈良的勢力。」這是基於利用內亂實現暴發的「下剋上」史觀，進而為左翼史觀的產物。然而，確實觀察古市胤榮的行動，則他的活動是否基於如此高度的戰略，不禁值得懷疑。

古市反筒井的色彩很強烈，但這是前一代古市胤仙時候的事情。應仁之亂爆發前，古市胤榮與筒井順永關係良好。文正元年（一四六六）七月，筒井順永前來慰問病中的胤榮，同年八至九月，胤榮接受順永的邀請派出援軍。應仁之亂不久前的應仁元年（一四六七）四月，胤榮與順永曾一同鬥雞（《經覺私要鈔》）。另一方面，古市胤榮還與越智家榮關係親密，可以說古市的立場是中立的。

應仁之亂爆發後，西軍再三催促古市胤榮上京，胤榮不為所動。可能原因之一是尋尊讓他打消參加西軍的念頭（《大乘院寺社雜事記》），此外他擔心與東軍筒井氏關係惡化，遂無法下定參加西軍的決心。到了應仁元年九月，古市軍終於上京，但古市胤榮自己仍留在奈良（《經覺私要鈔》）。此後，並無任何證據表明胤榮在大和積極展開任何軍事行動，並不是因為他有什麼深謀遠慮，而只是單純不想加入戰爭而已吧。

倒不如說，與越智和筒井都關係良好的古市胤榮，何以勉勉強強參加西軍，其原因有考察的必要。就此，酒井紀美提出經覺的影響很大。這一觀點非常有趣。

京都的朝倉孝景或畠山義就向古市胤榮派去使者，胤榮立即逐一向經覺報告，向他分享戰況資訊。胤榮時年二十九歲，並不是好心告知經覺戰況資訊，而是想求得老練的經覺的意見吧。

前文已述，經覺是反筒井的，且與朝倉孝景關係頗深。經覺自然會建議胤榮加入西軍，特別是加入斯波義廉軍。事實上，上京的古市軍就是與朝倉軍會合的（四十日後返回奈良）。

優柔寡斷的古市胤榮在史無前例的大亂前進退維谷，無法決斷自己的出路。將重大決策交給別人的古市胤榮，也許原本就不是一個適合在亂世生存的人物。

依靠山田宗朝

胤榮所依靠的不僅僅經覺一人。這時的古市胤榮，不時與一位名為山田宗朝的人物共同行動。

目前尚無研究考察山田宗朝的背景，但他應該是大乘院坊人，國民山田氏出身。山田氏是乾脇黨的一員，在御祭中擔當流鏑馬的執行人之一。宗朝自己也在長祿元年（一四五七）擔當過流鏑馬執行人（《經覺私要鈔》）。他的據點應該是在大乘院下屬上山田莊、下山田莊（今奈良縣天理市山田町）。換言之，山田宗朝是一名獨立的大和武士，與越智氏及古市氏相同。

另一方面，古市胤榮十九歲結婚時，山田宗朝出面迎接古市胤榮之妻（窪城順專之女）（《經覺私要鈔》）。因此山田宗朝雖非胤榮的家臣，但應該從屬於古市胤榮，就好像織田信長與德川家康那樣的關係。

文正二年（一四六七）二月，越智家榮協助山名宗全、畠山義就出兵上京之際，萬歲滿阿入道、山田宗朝等也同路，他們的兵力總共三百騎。古市胤榮應萬歲氏的邀請派遣騎兵二十騎。與積極加入畠山義就、越智家榮的山田宗朝相比，胤榮的躊躇可見一斑。當年四月，山田宗朝將親越智的狹川氏介紹給胤榮（《經覺私要鈔》），可見他試圖將胤榮拉入越智派一邊。

古市胤榮最終從屬西軍，不僅是因為經覺，山田宗朝的活動也起了很大的作用吧。事實上，山田宗朝在大亂中積極發起軍事行動。宗朝趁大亂之機，控制了東山內（今大和高原）一帶。文明二年（一四七〇）九月，為反擊侵入南山城地區的大內政弘，東軍的伊賀守護仁木氏等出兵山城。為與其對抗，西軍一方的國民狹川氏在木津佈陣。

十月，古市胤榮為控制山城國下狛（今京都府相樂郡精華町下狛），派遣同族長田家則率軍發起行動（《大乘院寺社雜事記》《經覺私要鈔》）。

對古市胤榮來說，發動這次積極的軍事行動非常罕見，實際上與山田宗朝的出兵有協同關係。這時，山田宗朝率兵七十向木津進發，途中兩軍仍共同行動（從木津沿京街道北上渡過木津川就可抵達狛）。或許胤榮是被熱心的西軍山田宗朝硬拉著出兵的吧。

筒井順永雖試圖阻止古市與山田的軍事行動，但在某人的斡旋下，還是允許他們通過（《經覺私要鈔》）。筒井與古市直到大亂爆發後仍維持聯繫。但是，本次作戰失敗，西軍以戰敗告終。狹川氏從木津陣撤退，山田宗朝也遭到重創。古市軍應該也撤退了。尋尊對狹川氏徒勞無益地助長軍事緊張的行為予以批判（《大乘院寺社雜事記》）。

隨著戰亂的激化，古市胤榮被迫做出複雜的政治與軍事判斷，於是他對年長自己十六歲的山田宗朝愈發依賴。家臣們對胤榮氣量不足抱持不安，也不是沒有道理的。

但是，胤榮也有值得同情的地方。古市春藤丸，也就是後來的胤榮，出生於永享十一年（一四三九）。享德二年（一四五三），在一代時間裡使古市氏成長為大和強力武士的父親胤仙病死，春藤丸繼承了古市氏的家督之位。康正元年（一四五五）九月，筒井氏沒落，胤榮遂成為官符眾徒首領之一。但尚弱冠之齡，年僅十七歲的春藤丸絕無承擔官符眾徒首領重責的能力，於是由與古市同族的山村胤慶代行。或許古市氏的內部事務也由代官胤慶管理。

古市春藤丸於寬正六年（一四六五）八月出家，取名胤榮。當年十月出兵河內，完成了自己的初陣。大和國眾徒、國民的出家是成年的「通過儀式」，與其他地方武士的元服相當。二十七歲元服，格外的遲，或許是因為代官胤慶不願意將實權移交給胤榮，遂拖延了胤榮的出家即元服儀式吧。長年不得不俯首聽命的胤榮，一定積累了很多不滿。

果然，次年，即文正元年七月，古市胤榮與山村胤慶對立，胤慶遭流放（《大乘院寺社雜事記》）。在應仁之亂前，古市胤榮終於掌握作為家督的實權。當然，他還不具備管束家臣、展開大規模軍事作戰等的權力。這位新人領袖倏地撞上應仁之亂這個困難局面，就此責難他無法統率家臣團，發揮領導能力，未免過於苛刻了吧。經驗不足的古市胤榮，不得不仰賴經覺或山田宗朝的建議。

胤榮的引退

文明三年（一四七一）六月，如前所述，朝倉孝景反叛，投入東軍。對因為與朝倉的關係參加西軍的古市胤榮來說，猶如上屋抽梯。

當年閏八月五日，山田宗朝罹患痢疾，四十九歲就死去了。尋尊說：「對古市而言，沒有比這更沮喪的事情。」（《大乘院寺社雜事記》）經覺也提到山田宗朝與古市胤榮的親密關係，思量著胤榮的內心（《經覺私要鈔》）。

但如前所述，在大亂前並未見過山田宗朝與古市胤榮的交流。宗朝僅僅協助過胤榮的婚事而已。胤榮並非一直與宗朝關係親密，而是在京都細川一方和山名一方對立的態勢日趨明確的文正二年（一四六七），即應仁元年後，才迅速向山田宗朝靠近。

當年十一月，山田宗朝十五歲的遺子在古市元服（《大乘院寺社雜事記》）。這意味著古市胤榮成了宗朝遺子的監護人。胤榮何等重視宗朝，可想而知。

文明七年五月十四日，為與進軍奈良的大內政弘軍呼應，古市胤榮與越智軍等一同出兵，在奈良新藥師寺與成身院順宣等東軍一方交戰。對一直避免與筒井氏正面對決的胤榮來說，這次是下定了決心。出家已十年，胤榮終於具備家督的威嚴，有了足以積極開展軍事行動的自信。

然而，越智軍不願交戰，西軍一方慘敗。古市軍戰死者有同族五人、家臣十三人，胤榮和小他十三歲的弟弟澄胤、山田宗朝的子嗣三人好不容易倖存下來（《大乘院寺社雜事記》）。五天後，古市胤榮宣佈引退，將之後的事託付給長田家則等。長田家則雖挽留他，但胤榮心意已決，遂按照家臣的協議，讓澄胤繼任家督。當年七月，澄胤辭任六方眾，繼承了古市氏的家督之位（《大乘院寺社雜事記》）。

關於古市胤榮突然隱居的理由，尋尊記錄說「為了一心向佛」。現實大概是，古市胤榮被同族與家臣追究大敗的責任，不得不讓出了家督之位吧。胤榮本想依靠獲得軍功來鞏固自己的權力，沒想到結果截然相反。

若無戰亂，古市胤榮恐怕會作為一名文化人而聲名顯赫。只能說，胤榮遇上了一個惡劣的時代。

1 中世時作為都城的平城京已不復存在。「南都」一詞主要在佛教語境中使用，常常與「北嶺」（延曆寺）並列，指興福寺為首的大和國諸寺院。

2 天皇的居所。

3 今和歌山縣內的真言宗寺院，由空海創建，內有空海御廟。中世的高野山也是一大宗教勢力，大體上有金剛峰寺一方、金剛三昧院一方與大傳法院一方（大傳法院此時已搬遷到根來寺）。

第六章 大亂終結

厭戰氣氛的蔓延

曖昧的停戰

此後的大和

厭戰氣氛的蔓延

疫病流行

文明三年（一四七一）七月，京都天花氾濫。據十四日經覺從一條兼良處聽到的消息，烏丸季光、武者小路種光、日野勝光等人的兒子都因天花死去。天花蔓延到地方，令世人大為恐懼。經覺聽說有種巫術，在紙簽上寫「麻子瘡之種我作」，貼在背上就不會得天花，於是很快製作了紙簽分發給周圍的人（《經覺私要鈔》）。

當月二十一日，後土御門天皇罹患天花，於是舉行了治病祈禱（《親長卿記》《宗賢卿記》《內宮引付》）。八月，足利義尚也病倒了。這時，足利義政、日野富子夫妻吵架，足利義政搬到小川的細川勝元宅邸，日野富子則搬到北小路殿居住，聽聞兒子重病，他們又慌慌張張跑回室町殿（將軍御所）。但是，兩人都因感染流行病而腹瀉（《經覺私要鈔》《宗賢卿記》）。

同時，奈良也發生了疫病，據說六百人死亡。尋尊得了天花，政覺腹瀉（《大乘院寺社雜事記》《經覺私要鈔》）。為了制伏疫病，經覺高掛藥師佛像，舉行法會（《經覺私要鈔》）。但疫病情況愈演愈烈，閏八月山田宗朝死於痢疾，古市胤榮在軍中病倒返回古市。經覺的親信，與古市胤榮待在一起的畑經胤也得了痢疾，一同返回古市。

這一年的天花、痢疾肆虐，應該是旱災與戰亂雙重原因所致。因為饑荒與軍役導致糧食不足，人們體力衰減。大量餓死者及戰死者使得都市衛生惡化，導致了疫病。

原本當權者應當竭盡全力，消滅疫病。但由於正處應仁之亂期間，朝廷和幕府的對策僅限於除病祈禱，毫無實效性。雖說已痊癒，但文明三年這場直接為足利義政帶來影響的疫病，讓足利義政與兩軍首腦強烈意識到儘早結束戰爭的必要性。

摸索和談

次年，即文明四年（一四七二）正月，山名宗全與細川勝元開始和談交涉。二月十五日，足利義政命令東軍赤松政則「和議已成，應從構內退出」。所謂構，是以將軍御所為中心的東軍陣地。從中退出，即解散赤松陣營，解除臨戰態勢之意。

赤松政則回覆「遵命」，率軍走出陣營，謁見了將軍足利義政。赤松政則僅留下最少的兵力，其餘兵力在糺河原駐紮。糺河原以東為洛外，即京都之外，象徵著赤松軍退出洛中，進入休戰狀態。但是，這個消息僅僅是經古市傳到經覺耳中的傳言而已，真實性仍值得懷疑。雖說如此，許多人都認知到為了實現和議，有必要說服赤松政則，這非常有意思。後面還會詳述。

此後，經覺又聽聞其他消息。受和議成立的影響，西軍畠山義就與大內政弘發誓「絕不背棄對方」，結成一揆之盟。一揆的締結意味著二者不認可山名與細川之間的和議，選擇繼續戰鬥，京都為之騷然。但後來得知僅僅是誤傳，京中的騷亂也就沉靜下來。不只如此，其後又證實連和議成立一事也只是誤傳。二十六日，山名宗全去世的消息傳入經覺耳中，經覺大吃一驚，但這也只是個謠言（《經覺私要鈔》）。

這個謠言同時傳到尋尊那裡，尋尊在正月二十五日的日記中寫道，山名宗全於二十一日亡故，山名一族與大內政弘向足利義政投降。尋尊不知道這是個假消息，還非常高興地說：「這下子大亂終於要結束，要進入和平了吧。」（《大乘院寺社雜事記》）

雖說以上的傳言都是假消息，但兩軍期盼結束戰爭的氣氛濃烈。儘管最終失敗，但一度有議和的嘗試，恐怕是事實。此外，議和是以西幕府向東幕府投降的形式進行的。坐擁將軍足利義政與後御門天皇，收服了朝倉孝景的東軍，無論正統性或軍事力量都勝過西軍，這是毫無疑問的。山名宗全去世的謠言也應該反映出宗全喪失作戰願望，期盼議和的心態吧。

產生議和氣氛的最大因素是士氣低下。這年正月，西軍「構」內，一色義直的家臣與畠山義就的家臣擊球遊樂。所謂擊球，就是手執木杆，揮杆將木球打入對方陣內，是一種正月遊藝。然而，雙方因勝負爭執起來，據說共有八十人死傷。遊藝是為了排解長期從軍的壓力，卻起了反作用，這也反映出厭戰情緒的蔓延。統率他們的大名們紛紛考慮出路，自是理所當然。

本來山名宗全與細川勝元就並無不共戴天之仇。細川勝元之所以與山名宗全決裂，是因為山名宗全協助畠山義就，攻擊了細川勝元的盟友畠山政長，反過來說，若擱置畠山問題，雙方的和解是有可能的。

此前的研究強調山名宗全與畠山義就的關係，這一理解很大程度上受到了軍記物語《應仁記》敘述的影響。事實上山名宗全不過是為了自己的政治策略才把畠山義就拉過來，在西軍明顯居於劣勢的情況下，就再沒有和畠山義就共命運的道理。山名宗全已六十九歲，步入老年，他很關注自己死後山名一族的走向，對他而言，是到了拋棄畠山義就，與細川勝元和解的時候了。

另一方面，以細川勝元為頂點的細川一門在應仁之亂後幾乎維持了自己的領國，他們所失去的較少。若以山名宗全投降足利義政的方式結束戰爭，對細川勝元來說也有面子，可謂正中其下懷。

無法終結的大亂

文明四年（一四七二）二月十六日，山名宗全向西軍各將領派遣使者，提議與東軍議和。據尋尊從自京都回來的柚留木重藝那裡聽來的消息，諸將表示贊成，特別是畠山義就和大內政弘，二人表態歡迎（《大乘院寺社雜事記》）。

然而這是誤傳，或者是渴望早日結束戰爭的尋尊的誤解。尋尊雖然不像經覺那樣，但也傾向相信順耳的謠言，做出對自己有益的解釋。

原因是，只看前後經過的話，就會發現畠山義就與大內政弘正是熱心的繼續作戰派。他們二人原本就沒有答應議和的動機。在東軍佔優勢的狀況之下議和，畠山氏家督地位就會落入政長手中，這是畠山義就無法容忍的。打算與政長對戰到底的義就心中沒有結束戰爭這個選項。

大內政弘方面，答應議和對他來說沒有直接損害。而大內政弘之所以反對議和，正如末柄豐所指出，是為了阻止細川勝元的霸權。和與細川勝元長期合作的山名宗全不同，細川勝元和大內政弘在瀨戶內海制海權方面是競爭關係。答應議和將導致細川勝元掌握幕府政治，長遠來看對大內政弘不利。

大內氏原本並不深切關注幕府中央政治，是個全力經營領國的地方獨立型大名。但大內政弘因參加應仁之亂上京後，就一直待在京都，他的中央政治志向傳遞給了其子大內義興，爾後大內義興擁立足利義尹（足利義視嫡子）為將軍，對幕府政治施加影響力，此事的原委超出了本書的範圍，在此割愛了。

根據尋尊的日記，在文明二年六月時西軍諸將已對持續作戰十分消極，積極作戰的僅有畠山和大內兩人而已。因畠山、大內兩軍放火，京都、東山、西山的神社和寺院悉數化為灰燼，尋尊對此感歎道：「如此暴行，聞所未聞，真是佛法、神道之敵人。」再沒有比二人更糟糕的人了，上天總會懲罰他們的，尋尊這樣痛罵了他們一頓（《大乘院寺社雜事記》）。

東軍的赤松政則反對議和（《親長卿記》《大乘院寺社雜事記》）。赤松政則一直在為將赤松氏舊領播磨、備前、美作三國從山名氏手上奪回來而努力。然而若山名、細川兩氏主導的議和實現，播磨、備前、美作就會成為山名氏領國了。如此一來，自己為何參加東軍，殊死作戰，意義就不明瞭了。赤松政則會反對，理所當然。

文明四年四月，山名家臣太田垣向在京都作為西軍活動的畑經胤送去書信。據這封書信稱，山名宗全精神錯亂，家臣擔心他是不是被狐狸附身（《經覺私要鈔》）。此外尋尊記錄說，傳言五月山名宗全試圖切腹自盡，幸而家臣奮力阻止才保住性命（《大乘院寺社雜事記》）。

此事真偽不明，但山名宗全精神失常的謠言四起這件事本身也充分反映出他作為領導的統率能力弱化。特別是家臣太田垣四處散佈主君的病情，十分異常。應該是山名家臣團意圖通過讓宗全引退，來實現與細川氏的媾和吧。也就是所謂的「主君放逐」。

同時，細川家中也出了事（《大乘院寺社雜事記》《經覺私要鈔》）。細川勝元、勝之父子剪短了髮髻，家臣十餘人也效法之。這是表示隱居的意願。細川勝元曾從細川野州家[1]請來勝之為嗣子，這一回勝之失去了繼承人的地位。事實上就是廢除繼承人。這樣一來，細川勝元的正室，也就是山名宗全養女所生的聰明丸（後來的細川政元）被選定為細川氏家督。根據櫻井英治的推測，這件事是送給山名宗全的和解信號。宗全的外孫若擔當細川氏的家督，山名氏將與細川氏結成穩固的紐帶。宗全也在八月將家督之位讓給其孫山名政豐，這樣兩軍主帥都一齊引退了。

二人承擔開戰的責任，一同隱居。這樣一來，山名與細川之間的芥蒂消除了。但是，隨著兩軍首腦退出舞臺，約束諸將的角色也一併消失。山名宗全與細川勝元真正應該做的是說服諸將，開始正式的和談，但二人卻各自拋棄政局，一走了之。諸將各隨己願，繼續戰鬥，大亂於是延續下去。

曖昧的停戰

細川、山名單獨媾和

朝倉孝景由西軍叛入東軍，雖然在文明三年（一四七一）七月二十一日的首戰中敗退，但很快重整旗鼓。朝倉孝景試圖和被足利義政任命為越前守護的西軍斯波義廉對抗，但因未能實現擔任守護一職的願望，他的計畫被打亂了。無可奈何之下，朝倉孝景自稱越前國司，但既無法洗刷背叛主君斯波義廉的不忠污名，又無法得到越前武士的支持。於是朝倉孝景放棄越過主家的「下剋上」，轉而支持東軍的斯波松王丸（斯波義敏之子，後來的義寬）為主君。這樣，朝倉孝景獲得了大義名分，八月二十四日與西軍的甲斐一方作戰，取得大勝（《朝倉家記》）。

次年，即文明四年八月，朝倉孝景進攻越前中心地區、甲斐一方據點府中，終於平定越前。甲斐敏光逃亡加賀（《大乘院寺社雜事記》《經覺私要鈔》）。尋尊記錄說：「大內以下西國的軍糧，都從越前通過。」西軍主要的糧道是從山名、大內領國遍佈的山陰地區經日本海入越前，透過琵琶湖水運進入京都的運輸路線。這條糧道被切斷，西軍的後勤維持愈發困難。

此外，東軍赤松政則佔據了大山崎的天王山。也就是後來羽柴秀吉與明智光秀進行山崎之戰的那座天王山。於是，西軍連瀨戶內海的補給路線也失去。

再者，東軍京極政經（京極持清之子）的重臣多賀高忠控制了從東部地區運糧的要地近江（《大乘院寺社雜事記》《經覺私要鈔》）。雖然西軍土岐成賴的重臣齋藤妙椿努力奪回近江，但西軍的劣勢已不可挽回。

文明五年三月十八日，七十歲的山名宗全逝去。同年五月十一日，正值四十四歲盛年的細川勝元也撒手人寰，死因不明，或許是心力交瘁所致。尋尊斷言，細川勝元之死是因為「神罰」（《大乘院寺社雜事記》）。然而，尋尊基本上是支持東軍、希望以東幕府吞併西幕府的形式結束戰爭的。或許是他重視東軍坐擁將軍與天皇的大義之故。

當年八月二十八日，細川政元出仕幕府，正式被承認為細川氏家督（《親長卿記》《親元日記》）。細川政元年幼，由細川典厩家[2]的細川政國監護。

當年十二月十九日，足利義政把將軍之位讓給其子足利義尚（《公卿補任》《親元日記》）。但足利義尚年僅九歲，幕府的領袖仍由足利義政擔當。因為大亂之前足利義政曾有以足利義視為過渡，再讓足利義尚擔任將軍的打算，現在足利義尚出任將軍，等於是將足利義視排除出去。足利義政不久就能讓西幕府屈服的自信可見一斑。

次年，即文明六年二月，議和再度開啟。東軍赤松政則不同意，西軍畠山義就反對。畠山義就為提高西軍士氣，在與足利義視協商後召集諸將，但來者只有大內政弘一名，其餘大名盡數缺席。大內政弘也很快離開，讓畠山義就狼狽不已（《大乘院寺社雜事記》）。

當年四月三日，山名政豐與細川政元實現和談，達成議和（《東寺執行日記》《東院年中行事記》）。京都的商人訪問東軍陣營，向他們表示祝賀。但是，西軍大內政弘、畠山義就、土岐成頼、一色義直不同意議和，並不解散戰陣。東軍的畠山政長、赤松政則也沒有解除臨戰態勢。最終，議和成了山名與細川的單獨媾和，西軍與東軍的議和未能實現。當月十五日，山名政豐之子俊豐謁見將軍足利義尚，將軍正式認可了他對東幕府的歸降。

由於山名一族向東幕府投降，西軍主力轉移到畠山義就和大內政弘身上。四月二十三日，山名政豐軍與不久前還是盟友的畠山義就軍在京都室町對戰（《東寺執行日記》）。次月，一色義直之子義春向東幕府歸降並得到承認，幕府認可了他對本國丹後的領屬。但是，東軍的武田國信（武田信賢之弟）、細川政國拒不將丹後交還給他（《大乘院寺社雜事記》《親長卿記》）。足利義政的權威下降十分明顯。

且說尋尊認為大亂的最大原因是畠山氏的內部糾紛（《大乘院寺社雜事記》）。透過以上的過程，可以說他的分析正中其要。應仁之亂是從山名宗全籠絡畠山義就開始。山名宗全與細川勝元這兩軍主帥相繼故去後，山名與細川兩氏間的議和旋即成立，但大亂依舊不止，終歸還是因為意圖打倒畠山政長的畠山義就拉攏反細川的大內政弘，實施徹底抗戰之故。

山名宗全起兵意在打破足利義政親政。但是，山名家族投降後，西軍的反細川色彩愈發強烈。於是，應仁之亂迎來了新的局面。

停戰工作的開展

這時，持是院齋藤妙椿這號西軍人物的發言權竄升。妙椿是僧侶，但因其兄美濃守護代齋藤利永去世，他便作為其子利藤（妙椿的侄子）的監護人進入政壇，成為美濃守護土岐成賴的重臣。應仁之亂開始後，妙椿侵入近江、伊勢、尾張等地，聲名大噪。

即便在山名一族退出西軍後，畠山義就與大內政弘仍決定繼續作戰，也是因為得到了妙椿的支持。尋尊感歎說：「東西兩軍誰能取勝，由妙椿的動向決定。這是一大怪事。」（《大乘院寺社雜事記》）

尋尊稱為「一大怪事」，是因為大亂的走向由守護的家臣這樣的人物左右，他對此一「下剋上」狀況頗為反感。由於尋尊有如此發言，戰後的歷史學家便將他視為懷念舊體制、逃避現實的沒落一族。

即便如此，尋尊雖以為無趣，卻一直關注著朝倉孝景與齋藤妙椿的動向，與他們保持聯絡。此外，尋尊在文明四年（一四七二）正月的日記中記述兩軍構成時，不像應仁元年（一四六七）六月的日記只列舉諸位大名的名字，這一回他加上了東軍的朝倉孝景、多賀高忠，西軍的齋藤妙椿和甲斐黨的名字。守護代這一階層一躍成為應仁之亂的關鍵人物，尋尊充分把握住這一變化，將這樣的尋尊評價為逃避現實是不確切的。

文明六年閏五月，進攻越前的甲斐軍被朝倉軍擊退。甲斐敏光上京，與主君斯波義廉會面。甲斐敏光希望斯波義廉到越前去。這是以斯波義廉為旗號，動員斯波氏領國的尾張與遠江武士進攻越前的大作戰計畫。但因西軍諸位大名反對，計畫中止。六月，依照新方案，齋藤妙椿率領數千騎攻入越前，促使朝倉與甲斐議和（《大乘院寺社雜事記》）。

因為齋藤妙椿的活躍，西軍的東部戰線得以穩定下來。雖然如此，那般活躍的妙椿仍沒有上京的餘力。西軍諸將僅僅能在京都各處零零星星地放火，戰線完全無法推進。尋尊批判說：「將軍（足利義政）飲酒，諸大名狩獵，好像戰爭結束一般逍遙自在。」對東幕府來說，是到了提出停戰的時候。

肩負停戰任務的是新將軍足利義尚的舅父日野勝光。尋尊稱日野勝光為「新將軍代理」，但政治實權依舊握在足利義政手中。日野勝光實際上不是足利義尚、而是足利義政的代理。足利義政最親信的伊勢貞親在文明三年四月下臺，文明五年正月故去。此外如前所述，細川勝元也已不在人世。足利義政所能仰賴的，除了日野勝光再無別人。日野勝光與大內政弘和畠山義就接觸，但對足利義視的處置問題未能形成決議，交涉毫無進展。西軍諸將既已擁立足利義視，是無法將其拋棄而投降的。

文明七年二月，西軍甲斐敏光降服，足利義政任命他為遠江守護代（《大乘院寺社雜事記》）。甲斐的主君斯波義廉也於當年十一月前往尾張（《和漢合符》）。斯波義廉此後的動向不明。如此一來，越前完全落入東軍手中，對西軍愈發不利。眼看西軍的投降近在咫尺，日野勝光卻在文明八年六月死去，停戰工作觸礁。

文明八年九月，足利義政向大內政弘送去書信，請求他協助停戰，得到了他的同意（內閣文庫收藏《古文書》《黑岡帶刀所藏文書》）。大內政弘滯留京都近十年，果然對領國的狀況十分擔憂。十二月，也許是基於大內政弘的進言，足利義視向足利義政請求赦免：「我參加西軍並非謀反，而是因伊勢貞親害我，要取我性命，遂採取了自衛行動。」足利義政接受了他的請求，就自己聽信伊勢貞親讒言，向足利義視道歉。伊勢貞親已死，透過讓他做代罪羔羊，兄弟兩人終於找到和解的機會。

此後，擔當和談重任的是日野勝光的妹妹、足利義政的正妻日野富子。日野富子出面交涉，或許是因為與足利義視有親屬關係。文明九年閏正月，足利義視托日野富子代為向足利義政調停，作為回報，他答應贈送三千疋（三十貫文錢）。但足利義視並無支付的財力，大內政弘代足利義視向日野富子贈送三千疋。大內政弘自己也仰仗日野富子仲介，並支付了五千疋為報酬（《親元日記》）。

這樣看起來，日野富子果不其然是中飽私囊的「惡女」，但那個時代，以「禮金」為名向幕府和朝廷要人行賄是非常普遍的，日野富子並非例外。根據櫻井英治的分析，日野富子的牟利活動曾經維持著日漸惡化的幕府財政的運營。這也是事實。

提到日野富子的牟利，尋尊所記錄的她向諸將貸出軍費、販賣軍糧等事蹟非常有名（《大乘院寺社雜事記》）。永原慶二根據尋尊「畠山左衛門佐前日請借出一千貫文錢」的記錄解釋說「畠山義就從日野富子那裡借了一千貫文錢」，於是指責日野富子身處東軍陣營卻為敵軍西軍提供資金，是「發戰爭財」。但是，畠山義就的官位是右衛門佐，並不是左衛門佐。

因此，有的研究者認為不是畠山義就，而是西軍畠山左衛門佐義統借的錢。但是由於尋尊時常把畠山左衛門督政長誤寫成「左衛門佐」，這時候向日野富子借錢的恐怕是東軍的畠山政長。日野富子向東西兩軍放貸，促使戰亂擴大這樣的理解是講不通的。如前所述，倒不如說日野富子正在為停戰努力。

西幕府的解散

大內政弘隨即降服，一度態度強硬的畠山義就不得不重新考慮何去何從。大內政弘歸國後，京都的軍事態勢完全向東軍傾斜，畠山義就必遭圍殲之結局。

文明九年（一四七七）八月六日，尋尊收到在木津佈陣的東軍仁木氏送來的一封信。說的是畠山義就進入大和一事。畠山義就軍若進入大和，則大戰不可避免。這令尋尊十分憂慮。

然而畠山義就有可能並非前來大和而是去河內。畠山義就的去向是大和或者河內？尋尊為收集情報精神緊張起來。

當月十四日，尋尊推測，畠山義就若來大和，筒井和成身院將陷入窘境。此外他還寫道：「畠山義就乃當世最強武將，與他敵對，實難想像。」有的研究者從中解讀出尋尊天真讚歎畠山義就勇猛的放鬆感，但事情並沒有這麼簡單。即便畠山義就進攻大和，只要東軍的筒井等不與其交戰而是逃亡，大和就可以避免戰火之苦。尋尊大概是期盼著這樣的結果吧。事實上，如下一節所述，尋尊的判斷幾乎應驗了。

九月九日，尋尊聽到傳言，說畠山義就與越智和古市商量，向他們諮詢該進軍大和或河內何者為佳。十二日，他又接到情報：「昨夜，畠山義就讓妻兒到越智宅邸避難，古市澄胤護衛。」（《大乘院寺社雜事記》）

當月二十一日，畠山義就終於從京都撤軍，目的地是畠山政長重臣遊佐長直守衛的河內若江城（今大阪府東大阪市若江南町）。這是一支騎兵三百五十人、步兵兩千餘人的大軍（《大乘院寺社雜事記》）。

東軍諸將並無意追擊撤兵的畠山義就軍，或許是足利義政下達了禁止追擊的命令，足利義政在大亂爆發之初就打算以將義就逐出京都來收場（參考第三章）。雖說是縱虎歸山，但足利義政無論如何也想結束戰鬥，哪怕僅僅是京都的戰鬥。在畠山義就退兵一事上，似乎大內政弘貢獻頗大，足利義政遂為大內政弘向朝廷申請從四位下左京大夫的官位（《兼顯卿記》）。這時大內政弘的歸降已經確定無疑。

但在畠山義就撤退後，西軍依舊在下京佈陣。駐守山崎的東軍赤松政則擺出一副準備進攻的態勢，卻被足利義政制止了。

因為對自己的處置尚無法確定，足利義視開始對畠山義就的撤退感到不安。為了填補畠山義就留下的空白，他邀請齋藤妙椿上京。十月，妙椿率尾張、美濃、近江三國兵力共三百騎上京（《大乘院寺社雜事記》）。

然而十一月三日，大內政弘終於向東幕府投降。於是，周防、長門、豐前、筑前四國的守護一職及領屬權均獲得認可，可謂受到了破格優待（《黑岡帶刀所藏文書》《長興宿禰記》）。但大內政弘卻不與足利義政見面，而是透過伊勢貞宗向其致謝，可見他仍未完全解除警惕。

當月十一日，大內政弘從京都撤兵，前往周防。土岐成賴、畠山義就等西軍諸位大名各自燒了自己的陣營，返回領國。這時，故後花園法皇曾居住的宮殿也被大火波及燒毀，但土御門內裏（現在的京都御所所在地）完好無損。京都的居民因和平到來歡欣鼓舞，紛紛前去西軍陣營的故地參觀（《親長卿記》《實隆公記》《兼顯卿記》《長興宿禰記》）。

足利義視與土岐成賴一同前去美濃。由於足利義視並未受到足利義政的正式赦免，所以並未留在京都。從文明九年七月足利義視的女兒做了足利義政猶子一事來看，足利義政、日野富子夫妻或許並無嚴厲處罰足利義視的打算。但是，足利義視及其子足利義材（後來的義尹、義稙）對將軍足利義尚的地位構成潛在威脅，這一點沒有改變。因此，足利義視的問題一直沒有解決。

大內政弘也曾為足利義視的問題奔走，但終究仍以自己的利益為先，將足利義視拋棄。最終，對足利義視、義材父子最為同情的齋藤妙椿收留了他們一位。

於是，西幕府一點一點地解散，應仁之亂在形式上劃上了休止符。雖然如此，畠山義就與土岐成賴等並未向足利義政投降，只是撤出京都而已。對尋尊而言，如今畠山義就很可能攻入大和，情況一點也不值得慶幸，甚至比大亂期間更糟糕。雖然人在京都的柚留木重藝提議「像其他公家、寺社一樣以慶祝戰勝為由上京如何？」尋尊卻不為所動，大概是因為這樣的「戰勝」和「停戰」實在過於空虛了。

持續十一年的大亂使得京都淪為一片廢墟，一個勝利者也沒有。不僅如此，戰亂的火種根本沒有完全熄滅。

此後的大和

經覺的死與尋尊

經覺沒能看到應仁之亂的最後結束。

經覺波瀾萬丈的一生，結束於文明五年（一四七三）八月二十七日，享年七十九歲。如前所述，這一年山名宗全、細川勝元兩位相繼離世，經覺如何看待他們的死，不得而知。因為經覺的日記只到文明四年九月而已。

與頻繁感歎亂世，悲歎「天魔所為」「寺社滅亡的根源」的尋尊不同，經覺沒有記錄過對應仁之亂這一戰爭整體的感想。經覺對政治與社會局勢並不關心，他所關心的只是與自己有來往的人的動向。

文明四年八月，朝倉孝景擊破甲斐一方控制了越前，經覺聞訊欣喜不已：「朝倉是我長年的知己，他能獲勝，可喜可賀。」彷彿那是自己的事情一般（《經覺私要鈔》）。如前所述，經覺偏向西軍，朝倉孝景雖然從西軍叛投東軍，但此事與經覺無關。這與尋尊相反，尋尊擔心河口莊的田租會不會因此收不上來，焦慮不已。

經覺晚年不斷在日記中寫道自己身體不佳，不過並沒有幾個月長時間臥床不起。文明五年七月，他與尋尊等人一同去觀賞盂蘭盆定例的古市念佛風流。八月十一日，又與一條兼良、尋尊等一同觀賞猿樂（《大乘院寺社雜事記》）。

但八月二十一日經覺突然病倒。尋尊從由古市急忙趕來的楠葉元次處聽到這個消息，於是安排了醫生，自己也前去探病。但那時經覺已經無法說話。

為了祈願經覺的身體康復，尋尊命令興福寺的僧侶們誦讀大般若經、念佛，但毫無成效，經覺與世長辭。去世前，尋尊將經覺的病體轉移至己心寺。葬禮在己心寺舉行。一手操辦這些事務的毫無疑問是尋尊。西南院光淳（參見一至二三頁）就任興福寺別當。光淳的第一件工作，是依恩赦免釋放預定要被處決的盜賊。

經覺去世十一天後的九月九日，尋尊要來經覺留下的日記等各種記錄。這個時代公家或僧侶的日記，並不是為備忘製作的私人物品。他們的日記也是一種手冊，為自己的繼任者能夠順利開展各種儀式、活動及領地管理提供參考。所以本來經覺就必須要把自己的日記給後任大乘院門主尋尊看，但由於二人關係微妙，經覺沒有這樣做。尋尊沒有經歷過技術的傳授，而是不得不自學作為門主所需要的知識。

經覺去世時，尋尊已經四十四歲。由於調查過諸多記錄，其博學程度在大乘院歷代門主之中算得上數一數二，對他而言，事到如今大概也無須再學習經覺的日記了。即便如此，他還是立即入手了經覺的記錄，其好學之心，令人感佩。

但不走運的是，經覺日記文安二年（一四四五）以前的部分缺失。文安二年筒井軍進攻經覺所在的鬼薗山城之際，日記幾乎全被焚毀。尋尊也於康正二年（一四五六）開始寫日記，因此對尋尊來說，較早的記錄更為重要。經覺的早期日記遺失，尋尊肯定十分洩氣。

經覺留給尋尊的不僅有日記，還有一件麻煩事，那就是借款。根據楠葉元次給尋尊的報告，經覺負債達五十貫文錢左右。債權人要求尋尊還款，甚至有人逼迫說，若無法償還就沒收大乘院領有的土地。

尋尊對此嚴詞拒絕，他表示經覺的債務是他的個人借款，與大乘院無關。他的證據在於自己從未擔任過借款的擔保人，一個字也不曾寫。但債權人不肯甘休，反問：「你不是經覺的弟子嗎？」對此，尋尊反駁道：「我不是經覺的弟子。我大乘院門主的地位、大乘院的領地，都不是經覺給我的，是幕府給我的。從九歲起到現在，這三十六年間，我一直是大乘院的門主。」

其實他的這一主張中混入了謊言。的確，尋尊就任大乘院門主，是因為經覺惹得足利義教不快導致下臺，並不是經覺讓位給他的。但嘉吉元年（一四四一）足利義教被暗殺後，經覺重任大乘院門主，並讓尋尊做了自己的弟子。文安二年經覺在與筒井氏的作戰中戰敗離開奈良，尋尊這才回歸大乘院門主之位。雖說不是普通的師徒關係，但尋尊是經覺弟子這一點，不容否認。

然而尋尊在文明二年時就已經預見這種問題。尋尊考慮到自己有可能走在經覺的前面，遂留下作為門主的心得交給政覺。裡面說，不可以為經覺的借款做擔保人；不可以和那些聲稱借款給經覺、從經覺處獲得土地等，試圖掠奪大乘院土地者共事。諸如此類。

尋尊為防備經覺死後追債者蜂擁而至，早已累積證明自己並非經覺弟子的文書，做好理論準備。因此，當真被逼問「代替經覺還錢」時，他也能不為所動，宣稱自己「並非經覺的弟子」，義正詞嚴地反駁回去。追債者無從瞭解經覺與尋尊之間的複雜關係，於是便被尋尊欺騙。如此周密的安排，可以說非尋尊不能。

尋尊甚至還著手收回經覺管理的領地。對尋尊來說，這些不是經覺的私有土地，而是大乘院門跡為了照料經覺的老年生活而借給他的「隱居用地」，因此經覺並沒有處分這些土地的權利。經覺無權拿這些土地去做借款的擔保，也無權將其轉移給他人。即便經覺簽了這樣的契約，也是無效的。如今經覺已死，所有的土地都必須歸還大乘院門跡。有關「隱居用地」的糾紛，他早在文明二年的時候就已經想到，於是尋尊命令古市胤榮，迅速收回分散各地的經覺領地。

對大乘院門主尋尊來說，維持大乘院門跡這一經營主體才是最重要的課題。早早預見將來可能發生的問題，事先備好應對之策，尋尊的手腕堪稱老到。輕視他是個大亂的旁觀者，那簡直是看錯了尋尊這個人。

畠山義就的獨立王國

文明八年（一四七六）四月五日，五十八歲的筒井順永病逝，其子順尊繼承其位（《大乘院寺社雜事記》）。筒井順永作為大和東軍主力，在南山城、河內與西軍對戰，同時維持奈良的治安。文明四年，土一揆襲擊奈良時，順永將其鎮壓。因順永之死，興福寺僧中有人動搖了，表示此後或許應該支持西軍，尋尊卻激動地拒絕說：「真是大天魔啊。」可以說尋尊肯定了順永的功績，更重要的是，尋尊其人的風格是不為眼前的表象迷惑，能做出慎重的判斷。畠山政長擔心大和的東軍一方勢力弱化，遂派遣重臣遊佐長直到河內，守衛若江城。

文明九年九月二十二日，離開京都的畠山義就軍在河內牧（今大阪府枚方市）宿營。畠山義就甚至進軍野崎（今大阪府大東市），窺伺若江城。越智家榮、古市胤榮、古市胤澄加入義就一方，筒井順尊加入畠山政長一方，大和諸勢力也在河內國集結（《大乘院寺社雜事記》）。

二十七日，若江城守將遊佐長直迎擊，將畠山義就軍擊退（《大乘院寺社雜事記》）。但這是畠山義就的策略。畠山義就佯裝敗退，轉入攝津國欠郡（今大阪市內），奇襲天王寺城（《長興宿禰記》）。守衛天王寺城的和田助直等奮力迎戰，總算將畠山義就軍擊退（《和田文書》）。當天，畠山政長方的客坊城（今東大阪市客坊町）陷落（《大乘院寺社雜事記》）。

畠山義就退出京都時，幕府默然相送，因而畠山義就大鬧河內的狀況，幕府應該早已料到。但畠山義就的勢頭遠超過預料。畠山政長狼狽地向足利義政哭訴，足利義政遂向朝廷請求下發處罰畠山義就的綸旨。九月二十九日，綸旨向東大寺、興福寺、金峰山、多武峰、高野山、根來寺、粉河寺眾徒及伊勢國司北畠政鄉（北畠滿雅之孫）發佈[3]（《實隆公記》《兼顯卿記》《長興宿禰記》）。這時大內政弘等西軍諸將尚在京都，故東軍無法行動。因此，足利義政試圖利用朝廷影響下的寺社勢力和公家大名的軍事力量。

但足利義政的應對為時已晚。十月三日，畠山義就進入八尾城（今大阪府八尾市），切斷若江城與譽田城（今大阪府羽曳野市譽田）的聯絡（《大乘院寺社雜事記》）。接著，當月七日，畠山義就進攻政長一方和田美作守等守衛的譽田城，斬殺大將美作守以下三十七人（《長興宿禰記》《大乘院寺社雜事記》）。畠山義就將他們的首級送到京都的畠山政長處，這是刺激他「不要躲在京都，速來與我一戰」。這時，由於若江城的遊佐長直不發兵救援譽田城，政長一方士氣低落。筒井順尊進攻古市氏鎮守的教興寺城（今八尾市教興寺），也遭擊退。

十月八日，畠山義就一方的大和國民吐田氏攻克嶽山城。這就是當年畠山義就堅守近兩年半的那座嶽山城。九日，往生院城（今東大阪市六方寺町）、若江城也被攻陷。遊佐長直從天王寺乘船逃脫，僅以身免，醜態盡顯（《大乘院寺社雜事記》）。畠山義就已基本上平定河內一國。

畠山義就瞬間攻下河內，足利義政應該完全沒有預想到。文明二年八月，畠山義就曾命家臣譽田、甲斐莊、遊佐等進攻河內，越智家榮等也出兵助力，卻未能達到驅逐政長一方的目的。這是因為畠山政長一方在河內的地位十分穩固。畠山義就退兵河內，畠山政長不去追擊，也是因為對河內的防禦有絕對的自信吧。

然而這一次，無論畠山義就自己是否出馬，河內與大和的武士們一齊起兵，投入畠山義就麾下。畠山義就的名望可想而知。

畠山義就的魅力，其軍事才能自不待言，儘管他是守護家的公子，卻不靠權威，堅持實力至上。即便是為公家、僧侶所懼怕的「不守規矩者」山名宗全，在操縱幕府政治以獲得財富權力方面仍比較保守。事實上，山名宗全自己不做管領，而是讓女婿斯波義廉做管領，他這樣的戰略仍然遵循了幕府管領必出斯波、細川、畠山三家的規矩。此外，足利義視加入前，西軍是以八位大名聯合簽署的形式發佈命令，其中大內政弘雖然軍事才能卓著，但因為門第不夠，仍被排除在署名者之外。這也可以看出西軍主帥山名宗全的保守性。

與他相比，畠山義就原本就沒有遵循幕府命令的想法。大亂開始前，他就曾與幕府大軍為敵，在河內孤軍奮戰。雖然他被山名宗全利誘上京，捲入幕府內的權力鬥爭，但他本質上仍是不依靠幕府權威，採取自力更生、獨立擴張領土的態勢。厭惡中央統治的地方武士紛紛投入畠山義就麾下，正是這個原因。

今谷明評價畠山義就的勢力是「河內王國」—「幕府的權威命令無法到達的獨立國

家」。這說法非常妙。提到「最初的戰國大名」，一般總會舉出朝倉孝景、北條早雲的名字，但畠山義就也可以說是戰國大名[4]一般的人物。

筒井氏的衰敗

且說，尋尊聽說畠山義就在河內之戰完勝，在日記中說「可喜可賀」。這樣戰鬥就要結束了吧。

然而，尋尊天真的期待很快就落空了。畠山義就的矛頭對準了大和國。畠山義就的家臣遊佐和甲斐莊為了報父親戰死於「神南山之戰」之仇，表示要進攻大和國龍田城（《大乘院寺社雜事記》）。神南山之戰就是長祿四年（一四六〇）十月十日的「河鍋山之戰」。是役，畠山義就軍奇襲畠山政長防守的龍田城，戰事不利，敗走河鍋山，遭到政長一方追擊，遊佐國助、譽田金寶、譽田祥榮、甲斐莊等義就一方主要將領戰死。於是，他們提議說，在各自父親忌日那天，即文明九年（一四七七）十月十日進攻龍田城。

但是，十月十日進攻龍田城的作戰計畫缺乏軍事上的合理性。因此，越智、小泉、片岡等表示反對。他們雖臣從於畠山義就，但與遊佐、甲斐莊不同，並不是畠山義就的家臣。畠山義就無法無視大和勢力的意見，於是中止攻擊龍田城。即便如此，時過二十年仍不忘復仇，中世武士的執念之深，令人震驚。

畠山義就一方打算東進一舉攻克奈良（《長興宿禰記》）。在京都的大內政弘為了從側面支援，派遣重臣杉弘相率正規軍三百騎、雜兵數千人由山城國南下（《大乘院寺社雜事記》）。或許大內政弘事先就與畠山義就約定好了。畠山義就撤出京都以支持大內政弘歸降東軍，作為交換，大內政弘支援畠山義就進攻河內與大和。

聽聞大內軍逼近之後，守衛木津的仁木氏、木津氏等慌忙逃走。筒井順尊、成身院順宣（後來的順盛）也躲藏起來。大和的政長一方勢力四散。只有箸尾氏還堅守著政長一方的孤城，但即便是箸尾氏，其家主箸尾為國已經棄箸尾城逃走，消失得無影無蹤。

十月三日，大內軍從木津進軍般若寺（今奈良市般若寺町內）。興福寺擔心奈良置身於戰火之中，遂透過駐守下狛的古市家臣井上九郎，與大將杉弘相交涉，大內軍向奈良的進軍遂中止，撤退到下狛。

六方眾聽說筒井氏敗退，於是襲擊了曾向奈良居民徵收重稅的筒井氏代官慶忍，將其從住宅內逐出。古市胤榮、澄胤兄弟從河內教興寺城回到奈良，指揮奈良防務。

以筒井氏為首的畠山政長一黨既已被一掃而空，若不讓與畠山義就關係密切的古市氏做官符眾徒的話，奈良的防務是不可靠的。畢竟畠山義就軍的兵力，合河內、大和兩國已達一萬人。

然而，尋尊欲任命古市澄胤為官符眾徒首領之時，古市澄胤回答說：「若只任命我一人，那便欣然接受。」康正元年（一四五五）九月古市春藤丸（胤榮）就任官符眾徒首領之際，豐田與高山氏等也是首領，首領一共五人。這次，豐田、高山等也要求首領之地位，尋尊左右為難。但尋尊認為「除了古市之外，讓其他人保衛奈良治安，都無法順利進行」。尋尊依舊清醒。此後，文明九年十一月，尋尊透過古市氏祝賀畠山義就平定河內，贈送賀信和酒樽等，竭力構建與畠山義就的友好關係。

文明十年正月，也因為畠山義就和越智家榮的推薦，尋尊任命古市澄胤取代筒井順尊為官符眾徒首領。筒井氏一方雖然反對，卻無能為力。當年六月，越智家榮之女與古市澄胤政治聯姻，古市氏的權力愈發強化。

另一方面，筒井順尊也在尋找反擊的機會。因為順尊的長子做了福住氏的養子，這位福住氏是東山內福住鄉（今奈良縣天理市福住町）的控制者，於是筒井順尊遂以福住鄉為據點開展抵抗活動。文明十一年九月以後，筒井一方雇傭足輕，擾亂奈良市內。足輕神出鬼沒，襲擊奈良各處，搶劫、放火。

筒井一方正規軍兵力約五百人，兵力上古市軍占優。但是兵力不足的筒井軍使用了雇傭兵。為了與筒井一方足輕打游擊戰，古市一方也雇傭了足輕。雖說是雇傭，但由於發不出餉錢，於是便允許他們搶劫。這和應仁之亂中京都進行的足輕戰法完全相同。

尋尊雖然慨歎雙方的足輕戰法使奈良荒廢，卻無能為力。第四章已述，應仁之亂開始後，許多公家為躲避戰亂，逃到奈良。如今奈良反而動盪，約八十人回到了京都。甚至有的可憐公家拜託足輕沿途護衛，途中足輕卻轉為盜匪，把他們全身衣物扒了個乾淨（《大乘院寺社雜事記》）。

見筒井一方在奈良橫行，畠山義就於十月二十一日派遣了一位名叫市若的足輕大將。因市若奮戰，筒井一方的軍事活動陷入低潮。畠山義就甚至打算派大軍入大和，但由於畠山家中發生了內部糾紛，不得不作罷。因此，筒井一方得以保住一命。

文明十三年七月十五日，有傳言說筒井一方計畫再次攻擊奈良。尋尊不解道：「文明九年畠山義就軍逼近大和時，筒井不是不經一戰就落荒而逃了嗎，如今畠山義就的勢力比那時還強，若真要打來，也不過是被擊潰吧。還是說他們相信了畠山義就去世的謠言了？」

但在七月二十日，筒井順尊、箸尾為國、十市遠相、成身院順盛等聯軍為奪回舊領地而起兵。他們之所以發起攻勢，是因為與多武峰達成了同盟。但如尋尊所料，筒井一方慘敗，古市澄胤攻克了筒井氏的居城福住城。

此後，筒井順尊仍不放棄，策劃種種謀略，但全都以失敗告終。文明十九年（一四八七，七月二十日改元長享），箸尾為國向越智家榮投降。接著長享三年（一四八九）七月二十二日，逃亡中的筒井順尊在京都的旅店去世，終年三十九歲，據說是醉酒而死。終日失意，借酒澆愁，順尊這樣的形象浮現出來。尋尊在日記中這樣寫道：「文明九年丁酉歲十月十三日敗退以後，再未歸國，就此入滅。這是大明神的懲罰。」由於順尊在文明九年以後仍在大和國活動，所以這裡的「歸國」不是指回歸大和國，而是指回歸故鄉筒井鄉的意思。

筒井氏支援畠山政長，在河內與大和長期奮戰，是應仁之亂的點火者。最終，畠山政長所屬的東軍獲得了戰爭的勝利，但筒井氏自己卻戰敗於越智和古市氏，失去了在大和的勢力。這真是莫大的諷刺。

1 以細川滿國為家祖的細川家支流之一。

2 以細川持賢為家祖的細川氏分家。細川家以細川京兆家（因擔任右京大夫一職得名）為正統，以典廄家、野州家、阿波守護家等為支流。

3 綸旨向這些寺院及武士勢力發佈，意味著希望藉他們之手與畠山義就對抗。

4 戰國大名指能夠獨立控制自己的所轄區域，對其土地和民眾享有排他性軍事指揮權、審判權等的專制權力，與室町時代的「守護大名」不同。

第七章　應仁之亂後的室町幕府

幕府政治的重建
細川政元與山城國一揆
孤立的將軍
室町幕府落日

幕府政治的重建

寺社本所領[1]返還政策的重開

眾所周知，應仁之亂使將軍的權威一落千丈。尋尊在日記中說：「雖說應仁之亂結束了，但值得慶幸的事情一件也沒有。如今，還聽從將軍命令的地方，日本是再也沒有了。」

縱然如此，足利義政並不像坊間所說，是個無能失策的人，相反，他在為幕府的重建而努力。其核心就是寺社本所領返還政策。這是指，守護等武家勢力要將從「寺社本所」，也就是寺社、公家等莊園領主手中奪來的領地歸還回去。足利義政在應仁之亂前就熱心推動寺社本所領的返還，但因應仁之亂爆發，被迫中斷。大亂結束後，他又重新推行這一政策。

由於寺社本所領返還政策侵害了守護的既得利益，要實行起來並不容易。於是，首先是和舊西軍的諸位大名交涉。作為饒恕西軍大名反幕府之罪的條件，他們必須將領國內的寺社本所領歸還回去。文明十年（一四七八），美濃的土岐成賴、齋藤妙椿接受這一要求，於是得到赦免，他們遂向京都派去了謝恩使者。然而，能登的畠山義統由於在沒有答應歸還之前就派出了使者，所以足利義政接見了土岐與齋藤的使者，卻拒絕與義統的使者會面（《親元日記》《晴富宿禰記》）。

為何足利義政如此執著於寺社本所領返還政策呢？在這個時代，把土地歸還給本來的所有人，被視作「德政」，也就是善政。足利義政希望透過實現理想政治，來提高將軍權威，這樣的推論一定程度上是站得住的。

但另一方面，因為各國的御料所（幕府直轄領地）被守護或守護代以下奪去，足利義政決定徵收山城國內寺社本所領田租的五分之一來填補（《大乘院寺社雜事記》）。這遭到了寺社與公家的強烈反對，遂撤銷。但自文明十四年建造東山山莊（後來的慈照寺，即銀閣寺）開始，足利義政又命令向山城國寺社本所領莊園徵收工程費和人力。足利義政一方面增大寺社與公家的負擔，一方面同時推行寺社本所領返還政策，看上去是矛盾的。

我們認為，足利義政推行寺社本所領返還政策的動機不是基於某種理念，而是出於現實考慮。縱使幕府下達了歸還寺社本所領的命令，守護勢力也不會輕易聽從，寺社與公家若想實現對領地的控制，必須依靠幕府的支援。

舉一個例子。應仁之亂前的越前長祿之戰中，守護代甲斐氏勢力衰退，於是興福寺試圖推進河口莊與坪江莊的直轄管理。但最終，將軍親信大館教氏、熊谷持直、籾井信久等就任代官。依靠自己的能力無法驅逐守護勢力的興福寺，於是尋求將軍的支持。

從這裡我們知道，寺社本所的領地歸還運動，最終大部分造成了將軍勢力對寺社本所領的侵入。足利義政的寺社本所領返還政策絕不是什麼慈善事業，而是他抑制守護勢力、擴大自身利權以強化將軍權力的一舉兩得之策。

正因如此，守護對寺社本所領歸還政策的反抗非常強烈。次年，即文明十一年，播磨、備前和美作三國守護赤松政則，因遲滯歸還領國內的寺社本所，被勒令停止出仕。朝廷的下層官僚小槻晴富很訝異：「不響應歸還命令的大名不止一個，為什麼將軍只對赤松一人發怒呢？」赤松政則是為數不多的把大亂中衰敗的諸位大名甩在身後，擴張了自己勢力的大名，因此足利義政才覺得有警告的必要吧。

足利義政隱居

文明十一年（一四七九）十一月二十二日，十六歲的足利義尚舉行「判始」（《長興宿禰記》）。所謂判始，就是在文書上畫上自己花押的儀式。在中世，擁有自己的花押，是一個人成為具有法律上責任能力的成年人的證據。足利義尚已經元服，被任命為征夷大將軍，但因為沒有自己的花押，所以無法參與政治。透過判始，他才能夠以將軍的名義發佈文書。

然而，此後足利義尚也沒有發佈文書的機會，這是因為他的父親足利義政依舊把持政治。文明十二年五月，對此不滿的足利義尚突然剪斷髮髻，奔出將軍御所，試圖出家。此前足利義尚就曾拔刀四處追著砍人，有種種怪異舉止（《大乘院寺社雜事記》），想必是相當抑鬱了。足利義政慌了，於是安慰義尚，和他約定近日之內就把政務移交給他。

重新振作後，足利義尚向一條兼良諮詢如何做政務準備，於是一條兼良寫下政治意見書《樵談治要》，七月獻給足利義尚。這裡面淨是「尊敬佛法」「任用清廉之人」「審判要公平」這類冠冕堂皇的話，缺乏實踐的、具體的建議。足利義尚覺得不滿意，後來交給了自己的弟弟三寶院義覺。順便說一句，一條兼良之子尋尊，對足利義尚是否具備為政者的資質抱持懷疑，諷刺這本勸誡義尚做理想君主的《樵談治要》是「對牛彈琴」。

文明十三年正月，足利義政表示要「隱居」，人們到御所來拜年，他也避而不見。表面上看好像是踐行了將政務移交足利義尚的諾言，但實際上足利義政突然表示引退，讓周圍人十分困惑。或許是因為與不回應寺社本所領返還命令的大名們的摩擦，與妻子日野富子的不和，與兒子足利義尚的不和（父子為德大寺公有的女兒相爭）等原因（《大乘院寺社雜事記》《長興宿禰記》《宣胤卿記》）。

與其說是政務移交，這樣的政務丟棄不如說是種諷刺，足利義尚不悅，再度剪斷髮髻，拒絕與前來拜年的人會面。統治天下的足利將軍家父子竟然同時避居不見，這種事聞所未聞，尋尊很驚訝地寫道：「豈有此理。」（《大乘院寺社雜事記》）因此，輔佐足利義政的日野富子代行政務。可是，亂設關卡、經營高利貸、中飽私囊的日野富子的名聲以前就不好，這樣的政治體制無法長久持續下去。

當年十月，足利義政在京都北郊長谷（京都市左京區岩倉長谷町）聖護院隱居。對不聽號令的諸位大名，以及自己那屢教不改的兒子義尚，他已經厭倦了。次年，即文明十四年五月，足利義尚搬到足利義政留下的小川御所。七月，足利義政正式宣佈移交政權，足利義尚的執政開始。然而，正如下一節及以後所述，足利義政仍然保持著幕府最高統治者的地位，對足利義尚權力的制約還在持續。

細川政元與山城國一揆

陷入困境的幕府山城國統治

應仁之亂結束後，控制南山城的西軍撤退，畠山政長就任山城守護。如前所述，因權力衰退，幕府無法指望從全國獲得收入，幕府於是試圖透過強化對附近的山城國的掠奪來達到財政重建的目的。

但是，本應該擔負起幕府統治山城重任的畠山政長，在畠山義就的猛烈攻勢下疲於防守。文明十四年（一四八二）末到文明十五年正月，宇治以南的南山城三郡（相樂、綴喜、久世）都成了畠山義就的勢力範圍，幕府的影響力完全無法波及。

畠山政長的守護統治已然功能不全，幕府只得尋求別的統治山城的辦法。文明十三年，足利義政試探赤松政則就任山城守護一事。因為當時赤松政則是侍所所司，而侍所所司兼任山城守護是古來慣例。但赤松政則的回覆是：「雖光榮之至，但我身上擔子很重，還請原諒。」（《親元日記》）

不過，這是意料之中的。赤松政則雖然是肩負守衛京都治安之責的侍所所司，卻將事務全部交給重臣浦上則宗，自己去了本營播磨。赤松政則正忙著與鄰接的山名政清作戰，無暇顧及山城的事務。

文明十四年十二月，足利義尚與日野富子打算放棄處於劣勢的畠山政長，轉而支持畠山義就。足利義政將此方案撤回，父子矛盾再次激化。尋尊感到擔憂：「京都怕是要再度爆發大亂了。」難以否認的是，幕府首腦的意見不合，加劇了山城的混亂。

文明十五年正月，足利義政意欲任命若狹守護武田國信為山城守護。國信卻拒絕說：「我不出任。」接著又命令在京的浦上則宗，浦上則宗也推辭說：「兵力不足，無法驅逐義就一方的勢力。」（《大乘院寺社雜事記》）

既然山城守護一職無人接手，就只有維持已弱化的畠山政長這一條路了。當年八月十五日，足利義政許可畠山政長徵收宇治川以南寺社本所領田租一半為軍費。二十三日，經足利義政申請，後土御門天皇下發處罰畠山義就的綸旨，義就被指為「朝敵」（《後法興院記》）。

然而，狀況毫無好轉。文明十六年九月，足利義政解除了畠山政長的山城守護一職，將山城國改為御料國（幕府直轄），任命幕府財政負責人、政所執事伊勢貞宗（伊勢貞親嫡子）為代官。足利義政指示貞宗，要全力保護寺社本所領（《大乘院寺社雜事記》）。

可是，在兩畠山軍隊對峙的戰亂狀態之下，幾乎沒有自己的軍事力量的伊勢貞宗無法管理山城。最終，只要停戰不能實現，山城國的收益就無法獲取。

山城國一揆暴動

文明十七年（一四八五）七月，奉畠山義就之命駐守南山城的齋藤彥次郎突然反叛，投入政長一方（《大乘院寺社雜事記》《後法興院記》）。突然反叛原因不明，但據川岡勉所指，原因可能是畠山義就與齋藤彥次郎在南山城管理一事上存在分歧。

最初，畠山義就是侵入山城國的侵略者，但佔領南山城後，為了取得當地勢力的支持，開始重視起佔領行政來。畠山義就強調對寺社本所領的保護，任命奉行三人。但這樣的政策，對於依靠對當地莊園的掠奪來獲取軍費的齋藤彥次郎而言是無法容忍的。幕府向歸降的彥次郎承諾，將畠山義就控制的南山城寺社本所領交給他。

畠山政長沒有錯過機會，轉為攻勢。沒落的政長一方的筒井順尊等大和牢人也出兵南山城，十月十四日在光明山（位於今京都府木津川市山城町綺田）一帶佈陣。齋藤彥次郎也從宇治南下呼應，開始進攻義就一方的城池。

畠山義就一方的古市氏也舉全軍出戰。尋尊聽說不僅家主古市澄胤，連隱居的古市胤榮也出戰了，擔心奈良防衛薄弱，試圖勸阻，但古市氏斷然拒絕，依舊出兵。

畠山政長一方，齋藤、筒井、十市等兵力一千五百，畠山義就的重臣譽田正康所率河內軍七百，古市郡三百，義就一方處於劣勢。於是，譽田和古市向越智求援，越智家榮之子家令出戰（《大乘院寺社雜事記》）。

兩軍在山城國久世、綴喜兩郡邊境對峙。因為雙方都集結了全部兵力，都不輕舉妄動，對峙長久持續，彷彿京都的應仁之亂一樣。古市澄胤要負責春日社的神事工作，打算回大和，但被擔心戰力受損的譽田阻止。尋尊聽聞此事，憤怒地說：「總有一天神明要懲罰他。」

雙方未能找到決勝戰機，無所作為，堅守不出。兩軍四處設立關卡，實施盤查，京都與奈良的交通被阻斷，兩軍對莊園的侵略也在激化（徵收民夫、物資）。尋尊記錄謠言說「細川政元被任命為山城守護」，這也反映了尋尊的期待吧。讓坐擁最大軍事力量、對山城有極大影響力的細川政元收拾局面，是最現實的選擇。

但打破局面的不是細川政元而是南山城的國人（地方武士）。十二月，他們結成「國一揆」同盟，要求兩畠山軍撤退。國一揆施加壓力，若哪一方不接受要求，就對其發起攻擊，兩軍無可奈何，只得撤兵（《後法興院記》）。這就是著名的「山城國一揆」。若打個比方，大概相當於瑞士的「武裝中立」吧。

兩軍的長期對峙，不僅給在南山城有莊園的興福寺、石清水八幡宮等莊園領主帶來困擾，也給山城國的國人帶來極大麻煩。因為兩畠山的進駐，他們無論答不答應都被捲入戰爭中，並無積極作戰之意。兩軍的主力是河內、大和、伊賀等他國的武士，自己的領地遭到他國武士的肆意踐踏，山城的國人甚感苦惱。像狛氏、水主氏等這樣連自己的居城也被奪去的山城國人也並不罕見。

國一揆打出的主要政策是：第一，禁止兩畠山軍再次侵略山城；第二，歸還寺社本所領；第三，禁止設立新關卡。尋尊的繼任者政覺聽到第二條，欣喜萬分（《政覺大僧正記》）。尋尊基本也表示歡迎，但對南山城國人結成「一揆」，驅逐兩畠山這種「下剋上」的行為抱著複雜的心情。對尊重秩序的尋尊而言，這並不是能夠放手支持的結果。

事實上，國一揆之所以宣佈歸還寺社本所領，並不是為了寺社本所而考慮。這些山城國人所謂的寺社本所領歸還，具體來說就是不得任命大和眾徒、國民等「他國人」為莊園代官的意思（《狛野莊加地子方納賬》）。

兩畠山軍進入南山城時，他們憑武力就任各莊園的代官，「合法地」徵收田租。國一揆的方針是驅逐這些「侵略者」，恢復寺社本所的「直務（直轄）」，但在這個時代，直轄管理是極為困難的。雖一度實施直轄管理，但最終大部分還是任命山城的國人為代官。現在山城國一揆的成員狛氏，希望出任次年，即文明十八年興福寺下屬狛野莊的代官，這與執著於直轄的尋尊的觀點產生了衝突。因此，山城國一揆的寺社本所領歸還政策，與足利義政的寺社本所領返還政策一樣，真實目的都是擴大自己的利益而已。

文明十八年二月，山城國人在宇治平等院集會，制定「國中掟法」（《大乘院寺社雜事記》）。此後，南山城國人開展自治。自治的機構被叫作「總國」[2]。對此，足利義政任命伊勢貞陸（伊勢貞宗嫡子）為山城守護，終歸還是要表明幕府直轄山城國的意思（《大乘院寺社雜事記》）。

但是，他對「總國」沒有採取強硬的武力鎮壓之策，而是事實上默認了國人的自治。到目前為止，南山城在畠山義就的軍事佔領之下脫離了幕府的統治，因此足利義政判斷現在義就撤兵是狀況的「改善」吧。南山城「總國」成員進藤氏是伊勢氏的家臣，幕府透過進藤氏遊說「總國」是可能的。

此外，以畠山義就撤出南山城為契機，當年三月，足利義政、義尚二人決定赦免畠山義就（《大乘院寺社雜事記》《後法興院記》《長興宿禰記》）。應仁之亂爆發後約二十年，畠山義就終於被赦免了。應仁之亂的戰後工作自此結束。一般往往認為亂後的幕府走向衰退，但不可忽視的是，至少在畿內（山城、大和、河內、和泉、攝津）地區，一定程度的政治安定還是實現了。

細川政元的想法

關於山城國一揆，戰後長時間被視為「居民的自治共和國建設運動」，其反權力鬥爭性質得到了高度評價。但到了二十世紀八〇年代，有學者提出細川政元黑幕說，即細川政元暗中指使山城國人，將畠山勢力從南山城排除出去，試圖將其置於自己的控制之下。

這一說法的主要根據是，據《狛野莊加地子方納賬》，主導國一揆的「國中三十六人眾」大部分效力於細川政元。細川政元是個陰謀家，日後與日野富子攜手，膽大包天地發動明應政變（第四節詳述），因此認為細川政元與山城國一揆有關也並非沒有可能。

然而，找不到細川政元介入山城國一揆的痕跡。或許可以反駁說，正因為他是個巧妙的陰謀家，才沒在史料上留下痕跡，但到底還是太不自然。若細川政元覬覦山城領土，那就應該圖謀出任山城守護，暗中操縱山城國一揆這種方法也太過拐彎抹角了。

細川氏與山城國人的關係，本來就不是細川政元這一代建立起來的。康正三年（一四五七）九月，曾經發生過畠山義就軍以奉幕府之命為名討伐山城國人木津氏，出兵南山城的事件。當時，越智家榮為呼應畠山軍，意圖進軍木津，「山城眾十六人」遂結成一揆同盟，協助木津氏，木津氏的主君細川勝元也擺出了支援木津氏的態勢（《經覺私要鈔》）。最終證實，討伐木津的命令是畠山義就散佈的謠言，事情於是了結。畠山義就擅自發動軍事行動，使將軍足利義政大怒，這也是畠山義就失勢的原因之一。

大概就是這時，「山城眾十六人」為了對抗畠山義就的壓力而投入了細川勝元麾下。應仁之亂爆發後，他們中多數參加了細川勝元率領的東軍。但西軍大內政弘軍進攻南山城時，「山城國十六人眾」的大部分投降了。應仁之亂結束，大內軍撤退，山城國人再次投靠細川氏。可能在這一過程中，「山城國十六人眾」擴大為「國中三十六人眾」了吧。這樣似乎可以說明細川氏與山城的國人早有來往，但他們之間的關係絕對稱不上牢靠。

並非一定是山城國人不忠誠。中世武士並不需要對主君保持絕對忠誠，主君若不能盡保護家臣之義務，那麼家臣即便拋棄主君，也不會受到非議（參見拙著《一揆的原理》）。以前的定論認為，守護積極地將國人納為家臣，建立自己的王國，這就是「守護領國制論」，但近年來學術界一般認為，主動與守護等實力派結成主從關係的其實正是國人一方。通俗地說就是「家臣選擇主君」。

在南山城與兩畠山的對抗之中，細川政元並沒有積極支援「國中三十六人眾」，僅僅對他們的艱難處境抱以旁觀態度而已。這樣的細川政元會唆使「國中三十六人眾」發動一揆，是不可能的。由於在南山城「總國」成立後，「國中三十六人眾」依舊與細川政元維持來往，所以將山城國一揆看成反權力鬥爭這種傳統解釋無疑是站不住腳的。然而，細川政元暗中操縱山城國一揆這種說法，則過度輕視了國人的自立性和主體性。國人憑自己的力量驅逐兩畠山，取代守護統治南山城，他們的歷史意義應當得到正當評價。

並且，細川政元對救援「國中三十六人眾」躑躅不前，應該是不希望介入兩畠山的紛爭。從細川政元身為幕府管領的立場來說，他理應支援畠山政長，討伐悖逆幕府的畠山義就。但細川政元試圖避免讓軍事上處於優勢地位的畠山義就成為敵人。

細川政元的這種消極態度以前也曾出現。文明十四年（一四八二）三月，為討伐從河內到攝津不斷擴張勢力的畠山義就，細川政元與畠山政長聯軍從京都出擊，但七月，細川政元與義就單方面停戰了，條件是畠山義就把攝津欠郡（西成、東生、住吉三郡）割與細川政元，細川政元則將河內十七處莊園群歸還義就（《大乘院寺社雜事記》）。

換言之，細川政元的態度是利己的，只要畠山義就不插手自己的領國攝津國，他發動的軍事行動就與自己無關。因此，畠山政長奪回河內的作戰失敗了。此後細川政元不願插手南山城攻防戰，應該也是出於同樣的理由。細川政元不願收拾局面，於是反而是山城國一揆奮起反抗。細川政元與畠山政長之間出現裂痕，為明應政變埋下了伏筆。

孤立的將軍

足利義尚自立

文明十七年（一四八五）四月，因為與將軍會面的順序，幕府的奉公眾[3]與奉行人[4]產生了分歧（《後法興院記》）。奉公眾就是將軍的親衛隊，是武官；而奉行人則全權負責文書行政，是文官。奉行人本來身分低微，但隨著幕府機構的擴大，其重要性日益增加，於是也謀求提升自己的地位。兩者的爭執擴大，除了一人，奉行人全體罷工了。

五月十七日，在東山山莊隱居的足利義政對此深感憂慮，於是命令奉行人的首領布施英基隱居，布施英基表示拒絕（《十輪院內府記》）。布施英基、飯尾元連準備襲擊奉公眾，將宅邸改築為要塞，修築箭樓（《親長卿記》）。將軍足利義尚將其視為對自己的反抗，遂命令奉公眾制伏布施英基（《十輪院內府記》）。二十三日，奉公眾數百騎穿戴甲冑，擁向布施宅邸，但因細川政元調停，沒能打起來，細川政元讓家臣放跑了布施英基（《親長卿記》《實隆公記》《十輪院內府記》）。

當月二十五日，因為奉公眾攻擊布施英基宅邸，飯尾元連等四十餘奉行人憤而出家，躲藏起來，幕府政務陷入停滯（《親長卿記》《實隆公記》《十輪院內府記》）。也因為這件事情的緣故，六月十五日足利義政也出家了（《大乘院寺社雜事記》）。

八月十五日，三十三名奉行人回應足利義政的召回，還俗、復職（《親元日記》）。看起來事情算告一段落了，但因為足利義政允許事件當事人布施英基復職，引發奉公眾反抗。十二月二十六日，布施英基與其子善十郎赴東山山莊與足利義政會面，隨後前往足利義尚的小川御所，在那裡被奉公眾暗殺，其理由是「東山殿（足利義政）或許會饒恕他的罪過，但室町殿（足利義尚）還沒有饒恕他」（《大乘院寺社雜事記》《親長卿記》《實隆公記》《蔭涼軒日錄》）。奉公眾在殿中實施暴行，是受到足利義尚認可的吧。

這一事件直接體現了大亂後室町幕府的權力構造，此事歷來被研究者重視。尋尊敏銳地評價道：「東山殿（足利義政）是奉行一方，室町殿（足利義尚）是近臣一方。」這一事件是足利義政、足利義尚父子對立，與奉行人、奉公眾對立相結合的結果。

應仁之亂以前，維持著室町幕府的是兼任多國守護的在京大名們（參見拙著《日本中世戰爭史》）。鎮壓大和永享之亂與畠山義就討伐戰中，討伐軍的主力是大名的軍隊，因而說是大名聯軍並不過分（參見第一章、第二章）。

然而，應仁之亂結束後，大名們一個個回到領國。從斯波義敏、義寬父子對越前的統治被朝倉孝景取代的例子可以看出，守護將領國統治交給守護代，自己留在京都，已經是有百害而無一利了。前面談到赤松政則，他到了讓重臣浦上則宗留在京都，自己回到領國的地步，發生了堪稱「逆轉」的現象。如此一來，文明十五年還在京都的大名僅剩下細川一族和一色義直了（畠山政長正與畠山義就交戰中）。在大名們不在京都的狀況下，幕府內奉公眾和奉行人的存在感就相對提高了。

於是，奉公眾與奉行人會爭奪主導權就是理所當然的了。但在平時，作為行政官員的奉行人明顯更有利。稍微有些被壓制的奉公眾會接近被足利義政壓制的足利義尚，可以說是必然的。足利義尚想要親自決斷，但奉行人並不立即寫成文書，而是「暗中請示東山御所（足利義政）的意見」，想取得足利義政的許可（《松尾神社記錄》）。足利義尚因此十分不快。而且，足利義尚與文化人足利義政不同，是個愛好射犬、獵鷹，喜好武力之人，因此和奉公眾更容易親近。足利義尚與奉公眾積壓的不滿，導致了布施英基暗殺事件。

事件之後，足利義政更加失去對政務的興趣，他向周圍人透露：「既然沒有人聽我的命令，我以後再不過問政事。」長享元年（一四八七）七月，相國寺萬松軒的住持宗山等貴向足利義政上訴，希望認可其對若狹國向笠莊（今福井縣三方上中郡若狹町向笠）的直轄管理（驅逐反抗的現任代官），足利義政卻閉門不見，表示：「我現在已經不再過問訴訟之事。」（《蔭涼軒日錄》）這樣，原本被足利義政和足利義尚一分為二的將軍權力集中到足利義尚一人身上。

但足利義政並非一直貫徹他的初衷，此後也反覆無常地過問政治。比較典型的一件事是，足利義尚已許可奉公眾佐竹光明擔任相國寺領地美濃國西山口鄉的代官，卻因相國寺反對，足利義政宣佈足利義尚的任命無效（《蔭涼軒日錄》）。足利義政要求足利義尚撤回他的裁決，卻被足利義尚拒絕，於是足利義政獨自裁定將西山口鄉歸還相國寺。實施這樣的「調停」，足利義政會從寺院收到謝禮，因而可見他並不是完全放棄了自己的權力。

足利義尚就任將軍後，足利義政依舊參與政務，原本的理由是輔佐年幼的足利義尚。但足利義尚成年後，足利義政雖幾度宣告引退，卻依舊干預其執政。對於渴望以唯一絕對將軍的身分實施單獨統治的足利義尚而言，父親足利義政的存在如今已完全是個障礙了。

足利義尚親征近江

長享元年（一四八七）九月，為了討伐近江守護六角高賴，將軍足利義尚親自率軍出兵。京都的群眾聚集前來觀看，看到青年將軍英姿颯爽的樣子之後，紛紛雙手合十而拜。「這是真的征夷大將軍啊。」歡聲雷動（《鹿苑日錄》）。連對足利義尚的資質沒有信心的尋尊，在知道近江的興福寺領屬莊園被歸還後也十分感激，特地上京送足利義尚出征。「一天中獨一無二的光景，莫過於此。」尋尊在日記中這樣寫道。

正如一條兼良在《樵談治要》中所說：「在守護等不遵命令之時，征夷大將軍應該興起義兵，速戰速決。」世間對將軍的認識，不是足利義政那種閉門不出的文化人，而是臨陣指揮的武家首領。事實上，如果足利義政作為東軍主帥出戰，應仁之亂或許能早早結束。足利義尚把父親視作反面教材，希望成為一個理想的將軍。

討伐的公開理由是：「六角高賴趁應仁之亂佔領近江的寺社本所領和奉公眾的領地，幕府數度下達歸還命令，卻拒不聽從。」（《親長卿記》《長興宿禰記》）換言之，本次出兵是足利義政以來的寺社本所領返還政策的延續，因此尋尊也很高興。但是，足利義尚的真實目的並不在此。本次出兵的契機是，七月，領地在近江的四十六名奉公眾向足利義尚狀告六角高賴的暴行，稱六角高賴掠奪他們的領地，有人甚至因此餓死（《蔭涼軒日錄》）。也就是說，寺社本所領返還不過是旗號而已，現實的重點是恢復奉公眾的領地。

足利義尚命令返回各自領國的大名們上京，參加六角高賴討伐戰。即便如此，諸位大名多數僅派遣子嗣或家臣代其參戰，自己並不出動（《常德院殿樣江州御動坐當時在陣眾著到》《親長卿記》《蔭涼軒日錄》）。將領國內的寺社本所領、奉公眾領地編入守護麾下的，不只六角高賴一人，其他大名亦然（《長興宿禰記》）。明天就輪到自己了，有這種擔心的諸位大名對六角討伐戰猶豫不決是自然而然的事。細川政元也只是作為管領不得不追隨足利義尚出戰而已。百瀨今朝雄評價說，討伐軍的主力是奉公眾，是奉公眾把足利義尚從京都抬到了近江。

興致高昂的大名為數不多，斯波義寬是其中之一。斯波義寬率五千兵力參戰，被足利義尚任命為討伐軍主將。如前所述，投靠東軍的朝倉孝景以尊奉斯波義寬為主君的名義獲得了大義名分，得以驅逐西軍甲斐氏，成功控制越前。但隨著越前局勢逐漸安定，朝倉孝景開始反抗斯波義寬。應仁之亂結束後，朝倉孝景與斯波義寬為越前的控制權大打出手。朝倉孝景死後，戰鬥仍在持續，直到斯波義寬終於放棄爭奪越前，於文明十五年（一四八三）去了自己領國之一的尾張國。斯波義寬試圖透過六角討伐戰積攢戰功，讓足利義尚准許自己恢復對越前的統治。

六角高賴一戰戰敗，很快就躲藏起來，此後僅有少數六角家臣進行零星抵抗。然而足利義尚並不打算回京，而是繼續待在軍中。足利義尚出兵時，向寺社本所承諾把被六角氏奪走的領地歸還他們，此時卻把寺社本所領的田租徵收為軍費使用（《後法興院記》《長興宿禰記》）。這樣一來，寺社與公家沒得到一點好處。

奉公眾應該也不願長期出兵，因此，把六角討伐戰單純解釋為足利義尚應那些在近江有領地的奉公眾的願望發兵是解釋不通的。足利義尚應該有明確的目的。

這裡需要注意的是，不僅是在京的奉公眾，連身在京都以外的奉公眾也出兵了。因為應仁之亂的緣故，為了維持領地而離開京都的奉公眾不斷出現，作為近臣侍奉將軍的奉公眾人數減少。足利義尚利用親征近江的機會，試圖讓應仁之亂中離散的奉公眾重新集合到自己的麾下。這一軍事動員不單要恢復奉公眾的人數，也要提高奉公眾的素質，透過在戰場上共同作戰，強化將軍與奉公眾的主從關係。

這還不只是對奉公眾的政策，足利義尚還把奉行人也帶來了。足利義尚滯留的鉤之陣（位於今滋賀縣栗東市），事實上是個行政機關，奉行人在此工作。但是，伊勢貞宗、飯尾元連、松田數秀等足利義政政務中的關鍵吏員留在了京都。足利義尚費力把幕府的政治機關搬到近江，以擺脫足利義政的干涉。

然而，如設樂薰所指出的，近江的奉行人也有依照足利義政的指示行動的情況，足利義政的影響力並沒能完全排除。足利義尚為了切實掌控奉行人，不得不繼續駐紮在近江。

但是，駐紮近江的時間越長，足利義尚與諸勢力的摩擦就越多。反對屯軍近江的諸勢力之首就是細川政元。細川政元的消極態度廣為人知，他在大津三井寺駐屯，並不魯莽地前進到鉤之陣，而且還有傳聞說正是政元重臣安富元家與上原元秀引路放跑了六角高賴（《長興宿禰記》）。長享元年十一月，細川政元向足利義尚進言撤往阪本（今大津市阪本），卻未被接受（《大乘院寺社雜事記》）。

十二月，細川政元彈劾專橫的足利義尚親信結城政廣、尚隆兄弟，二階堂政行等，要求足利義尚處罰他們（《大乘院寺社雜事記》）。但是，足利義尚非但沒有排斥他們，甚至更加傾向親信政治了。加上富樫政親回到加賀，斯波義寬返回尾張等，諸位大名優先考慮領國事務離開戰場，已經沒有別的道路留給足利義尚了。

將軍的親信近臣勢力與諸位大名的對立是必然的，也是無可奈何的。但是，結城政廣等狐假虎威，藉將軍之名追逐私利，奉公眾也十分反感（《大乘院寺社雜事記》）。他們這些將軍親信，應該是連接奉公眾與足利義尚的紐帶，卻並非一定代表奉公眾的利益，反而遊離在奉公眾之外。

長享三年（一四八九，八月二十一日改元延德）三月，足利義尚（長享二年六月改名足利義熙）病重。母親日野富子慌慌張張地跑到鉤之陣看望（《後法興院記》）。足利義尚的病因可能是飲酒過量，據說他在病床上仍飲酒不止（《大乘院寺社雜事記》）。二十六日，足利義尚病逝（終年二十五歲），討伐軍未能實現目的便護送著足利義尚的遺骸回京了。失去庇護者的結城兄弟與二階堂政行不知去向。

雖然足利義尚未盡其志就倒在半途，但即便他能夠延長些壽命，目標能否實現也令人懷疑。足利義尚與細川政元等大名之間的隔閡很深，親信近臣與奉公眾的關係也在惡化。可以說，病魔把足利義尚從四面楚歌的境地解放出來了吧。

足利義材政權誕生

足利義尚亡故，下任將軍由誰繼任成了話題。除了足利義尚，足利義政並無男嗣，只能從近親之中選擇繼任者。候選人有足利義政的弟弟足利義視的嫡子足利義材，和足利義政庶兄政知的兒子清晃（已出家，在天龍寺香嚴院）。換言之，足利義政的兩個侄子成了候選人。

細川政元推戴清晃。一旦足利義材繼任將軍，其父足利義視無疑將上京，擔當足利義材的監護人。應仁之亂中，細川氏是東軍主力，與被西軍推戴的足利義視有仇。因此，細川政元對能夠造成足利義視復出的義材將軍方案表示反對（《大乘院寺社雜事記》）。與二十四歲的足利義材不同，清晃才九歲，年紀尚幼，便於駕馭，細川政元應該也有這樣的考慮。順帶一提，清晃的父親政知擔負統治關東的重任，去了伊豆（堀越公方），很難上京。

然而，日野富子支持足利義材，因為義材是她的妹妹日野良子所生。足利義政與日野富子態度一致（《大乘院寺社雜事記》）。因細川政元的阻撓，身在美濃的足利義視、義材父子沒能參加四月九日足利義尚的葬禮（《宗賢卿記》）。他們於十四日抵達京都。十九日，足利義材前往小川御所，與日野富子會面（《後法興院記》《親長卿記》《實隆公記》）。下任將軍已非他莫屬。但是細川政元又再度反撲，義材的將軍就任一事暫停，政務由足利義政處理（《大乘院寺社雜事記》）。

次年，即延德二年（一四九〇）正月七日，足利義政去世（終年五十六歲）。這樣，足利義材出任將軍只是時間問題，其父足利義視掌握了幕府實權。公家與武士接連祝賀義視、義材父子。尋尊也於當月十六日上京，十八日與足利義視、義材父子會面，贈送太刀。

然而，因為小川殿的歸屬問題，日野富子與足利義視、義材父子的關係急劇惡化。小川殿是細川勝元所屬的一處宅邸，應仁之亂中的文明三年（一四七一）起由足利義政使用。足利義政把將軍之職讓與足利義尚後，改築小川殿，將其作為自己的隱居之所（小川御所）。不久後日野富子搬進小川御所，之後足利義尚也過去了，但最終足利義政、義尚與日野富子不和，搬出小川御所，於是文明十五年以後這裡便成了日野富子的宅邸。日野富子想把這處宅邸歸還給細川政元，但細川政元卻推辭道：「（足利義政、義尚）兩代將軍都曾在此居住，您將它歸還於我，實在惶恐之至。」於是日野富子在四月二十七日將宅邸交給了清晃（《蔭涼軒日錄》）。

日野富子之所以把小川御所交給清晃，是出於對推戴他為將軍的細川政元的關照吧。但是，這一決定刺激了足利義視、義材父子。小川殿雖然原本是細川氏的宅邸，但現在已被視為「將軍御所」。小川御所到了清晃手上，其象徵性意義不小。足利義視聽到傳言，說日野富子與細川政元欲扶清晃上位，於是在清晃進入小川御所之前，將小川御所搗毀（《後法興院記》《北野社家引付》）。日野富子對足利義視的暴行大為憤怒，遂敵視足利義視、義材起來。

由於與日野富子不和，足利義材的將軍就任推遲了，直到七月五日才獲得朝廷的任命。將軍判始等儀式需要管領出面，細川政元雖未拒絕，但儀式一結束，他就辭去了職務（《延德二年將軍宣下記》）。他是在表明，自己不願協助足利義視、義材父子執政。伊勢貞宗也因為其父伊勢貞親與足利義視勢同水火，對義材就任將軍表示反對，於是將家督之位讓給弟子貞陸後隱居，表態不合作（《大乘院寺社雜事記》）。

如上所述，足利義材的執政從一開始就具有眾多不穩定因素。雪上加霜的是，十月，其母日野良子去世；次年正月，其父足利義視也以五十三歲之齡逝去。失去了作為後盾的雙親，足利義材愈發陷入孤立。

足利義材在幕府內沒有根基，於是同前任將軍一樣，倒向了親信政治。足利義材的親信中有名的幾位是葉室光忠、種村視久、一色視房。葉室光忠是在應仁之亂前就與足利義視有交往的公家，種村視久和一色視房是在大亂前就侍奉足利義視的武士。奉行眾中則有飯尾為修、矢野貞倫等原西幕府奉行人被重用。但是正如設樂熏所說，足利義材這樣的人事安排招致老幕臣更大的反感，足利義材反而更加孤立。不滿並沒有迅速浮出表面，卻為日後的破局埋下了隱患。

室町幕府落日

明應政變

長享三年（一四八九）七月，以回京及歸還寺社本所領為條件，六條高賴得到了足利義政的赦免。如此一來，近江豐浦莊（今滋賀縣近江八幡市安土町上豐浦、安土町下豐浦等）歸還興福寺一事也得以敲定，尋尊十分欣喜。然而，頻頻發生各地實際管理莊園的六角高賴家臣抵抗歸還命令的事，傳言說被幕府和家臣兩面相逼的六角高賴隱居了。不僅是寺社本所領，奉公眾的領地也被六角家臣蹂躪。但是，豐浦莊向大乘院上交了一定程度的田租，尋尊安下心來。

足利義材很早就開始計畫親征近江，但真正實現是在就任將軍大約一年以後的延德三年（一四九一）八月。有個觀點認為第二次六角討伐戰是由細川政元主導的，但這時細川政元正忙於平定其領國丹波國內爆發的國一揆，應該並不期盼出兵近江。因此，正如近年來的研究所指出的，本次出兵近江是足利義材個人強烈意願的反映。足利義材命令奉公眾出征，給予他們獎賞，以此來鞏固自身的權力基礎，這一見解應該更為妥當。

諸位大名的參加率還說得過去，討伐軍的規模並不遜色於第一次。尋尊覺得足利義材親征會讓大乘院對豐浦莊的控制更加牢固，於是這次也上京送他出征，並歡喜地說：「勝過常德院殿（足利義尚）的出征百倍。」特別引人注目的是，山名、大內、土岐、一色等舊西軍諸將比前一次更為積極。他們對足利義視之子足利義材抱有好感。

因安富元家、浦上則宗、織田敏定（斯波義寛重臣，尾張守護代）等的奮戰，討伐軍連戰連勝，於次年，即明應元年（一四九二）末勝利回京。雖然沒能斬獲六角高賴首級，尋尊也懷疑地說「沒有實現作戰目的就撤回來了嗎」，但因為連戰連勝，足利義材心情很好，回京之後立馬宣告「過了年就出兵河內」。

驍勇無雙的畠山義就於延德二年十二月病逝（享年五十四歲），嫡子畠山基家（後來的義豐）繼任之後，足利義材嗅到了出兵河內的機會（《大乘院寺社雜事記》《後法興院記》）。但為了鞏固奉公眾的支持，他還是優先出兵近江。近江的問題告一段落之後，終於到了解決河內問題的時候了。

明應二年正月，足利義材決定次月，即二月十五日發兵，命令從近江回到京都的諸將做好準備。此外，足利義材還向山城國各莊園徵發民夫（《蔭涼軒日錄》《廿一口方評定引付》）。南山城的大乘院領地菅井莊（今京都府相樂郡精華町菅井）也遵照命令派出了民夫。

足利義材按照預定計劃於二月十五日從京都出發，經源氏氏神石清水八幡宮進入河內，二十四日在正覺寺（今大阪市平野區加美正覺寺的旭神社內）紮營（《大乘院寺社雜事記》《蔭涼軒日錄》）。與畠山基家的據點高屋城（位於今大阪府羽曳野市內）距離約十公里。兵力占優的幕府軍處於優勢地位，逐漸縮小包圍圈，迫近高屋城。

然而，這時發生了驚天動地的大事件。四月二十四日晚，留守京都的細川政元與日野富子、伊勢貞宗合謀起兵，擁立清晃為將軍（足利義遐，後來改名義高、義澄）。這就是明應政變。

細川政元是從何時開始計畫政變的呢？延德三年二月，沒有子嗣的細川政元收九條政基之子聰明丸（後來的細川澄之）作養子。聰明丸的母親與清晃的母親是姐妹，可以說，他這時仍未放棄擁立清晃為將軍的野心。

細川政元開始具體策劃陰謀，應該是在足利義材出兵近江的時候吧。尋尊知道，細川政元私下與畠山基家及越智家榮有聯繫。他以為這是細川政元為了向足利義材請求赦免畠山基家而做的準備，但其實這時候謀劃應該已經開始了。如前所述，近江親征以前，足利義材出兵河內的意願就已經洩露，細川政元預計不久畠山基家就會成為討伐對象。無疑，他反覆推敲了作戰計畫，打算趁足利義材進軍河內之機佔領京都，與畠山基家形成前後夾擊之勢。若非如此，處在絕對不利狀況之下的畠山基家既不逃亡也不願投降，就無法解釋了。

足利義材出發前，細川政元舉辦宴會招待足利義材，隱藏自己的野心。尋尊在三月二十一日就聽說了新將軍擁立的傳言，從這一點來看，完全沒有意識到陰謀的足利義材是何等愚蠢。

聽聞反足利義材派佔領京都，各大名與奉公眾接連拋棄義材，回到京都（《蔭涼軒日錄》《親長卿記》《後法興院記》《言國卿記》）。最後留在足利義材身邊的幕臣，據說僅四十人而已。

將軍指揮下的大軍會如此煙消雲散，有人指出其原因之一是出兵河內本來就師出無名。出兵近江尚有恢復寺社本所領這一大義名分在，出兵河內則沒有。確實，畠山義就堪稱應仁之亂的元凶，大亂結束後也輕視幕府權威，但畠山義就早已不在人世，後繼者畠山基家完全沒有反抗幕府的行動，讓他和平歸降也並非不可能。雖說畠山基家討伐軍大軍雲集，但尋尊觀察到，各位大名戰意低下，可謂正中其要。

對足利義材所依靠的奉公眾來說，出兵河內不過是徒增困擾而已。出兵河內是在足利義材接受畠山政長的請求後開始的（《親長卿記》《蔭涼軒日錄》）。目的是為持續四十年的畠山氏分裂打上休止符，鞏固對將軍恭順的畠山政長的地盤，同時強化足利義材的權力。但是，這些事情與奉公眾毫無關係。近江集中了奉公眾的領地，但河內不同，出兵河內並不會給奉公眾帶來利益。足利義材在應仁之亂中屬於西幕府，亂後長時間亡命美濃，他與那些一直以來侍奉足利義政、義尚的奉公眾原本就關係薄弱。奉公眾對足利義材重用葉室光忠等親信的政策也表示不滿。而足利義材與奉公眾的薄弱關係因突如其來的政變暴露出來，造成奉公眾大量叛逃。

此外，山田康弘指出，明應政變不是細川政元的單人政變，而是在日野富子、伊勢貞宗的協同下實施的，這一點十分重要。足利義政逝去後，日野富子成為事實上的足利將軍家「家長」。承久之亂時，「尼將軍」北條政子的演說將鎌倉幕府的御家人團結起來，這一次足利義政的正妻、義尚的生母日野富子積極支持清晃，應當對幕臣的選擇造成了極大的影響。此外，伊勢貞宗這位支持足利義政和義尚的上級幕臣的策動，也起到了同樣的效果。

政變發生後，河內的戰況當即逆轉。足利義材與畠山政長、尚慶（後來的尚順）父子被困於正覺寺。閏四月二十五日，正覺寺陷落，畠山政長自盡，尚慶逃亡紀伊，足利義材被捕獲，押送京都，幽禁在上原元秀的宅邸。

但六月末，足利義材從上原宅邸逃出，逃亡越中，宣告自己才是正統的將軍。一部分奉公眾和奉行人離開京都去了足利義材處，也有不少大名支持義材，於是形成了足利義高（後來的義澄，以下統稱義澄）與足利義材（後來的義尹、義稙，以下統稱義稙）「兩將軍」並立的局面。這樣的對峙在義澄、義稙世代沒能決出勝負，他們各自的繼任者繼續競爭將軍之位，持續鬥爭，「兩將軍」並立成為常態。當然，如果一方被朝廷任命為征夷大將軍，那麼另一方就無法成為正式的將軍，但這樣的形式已然沒有意義了。朝廷只不過是機械地任命京都的控制者為將軍而已，將軍畢竟不過是「當時控制京都的人物」而已。「偽將軍」若奪回京都，一夜之間就可以搖身一變成為「真將軍」。

以往的研究認為，應仁之亂後的室町幕府有名無實，對它的研究價值並不重視。但是，以二十世紀七〇年代今谷明的一系列研究為契機，對戰國時代幕府的研究得以推進，並證實應仁之亂後的幕府也具有一定研究價值。戰國時代的畿內政治史被理解為「兩個幕府」的對抗史，而自「兩個幕府」的對抗起於明應政變的觀點被提出以來，一種新的觀點應運而生，也就是應仁之亂並不是戰國時代的起點，明應政變才是。

的確，臣下廢立將軍的明應政變是「下剋上」的極致，前無古人。細川政元可以說是織田信長的大前輩，要對他的先驅性予以高度評價的聲音愈發響亮，這一點不難理解。

然而，已有將軍存在的情況下另立別的將軍，這種構想可不是細川政元的獨創。百瀨今朝雄一語道破，這一構想的發明者正是應仁之亂的西軍。假設西軍戰勝了東軍，足利義政會從將軍之位上被拉下來，足利義視將擔任新將軍吧。細川政元只不過是模仿了西軍的戰略而已。

如前所述，此後的畿內政治史，以「足利義澄—足利義晴（義澄之子）—足利義輝（義晴之子）—足利義昭（義輝之弟）」與「足利義植—足利義維（義植養子）—

足利義榮（義維之子）」這「兩將軍」的對抗為中心展開。一般這種情況被描述為「義澄系」與「義稙系」的並立，若改變角度，也可以說是「義政系」與「義視系」的並立。

應仁之亂所衍生出的政治對立到了大亂結束後仍未消除，此後仍將繼續束縛著幕府要人們。

古市澄胤進攻南山城

伊勢氏在成功實施明應政變後，加強了對山城國的控制。身兼政所執事與山城守護兩職的伊勢貞陸，以「山城國由將軍直轄，縱有寺社本所領也應由守護管理」這一強硬的邏輯，對本來守護無權管理的寺社本所領莊園發動了侵略。

伊勢氏的強硬態度引發了巨大的反抗。明應二年（一四九三）九月五日，伊勢氏家臣侵入西園寺家在山城的三個莊園，但遭到當地武士和百姓的抵抗，被趕了出去。伊勢貞陸的面子丟得一乾二淨，於是想要辭去山城守護一職（《大乘院寺社雜事記》）。山城各地都發生了這樣的反守護鬥爭，最後甚至連伊勢氏家臣進藤氏都加入進來。

於是伊勢貞陸任命古市澄胤為南山城相樂與綴喜兩郡守護代。聯想到山城國一揆是以驅逐「他國之輩」為旗號發起，那麼這一人事安排的目的顯然是對山城國人自治的否定，也就是對反守護鬥爭的武力鎮壓。此外，由於對寺社本所領實施侵略的伊勢氏與在南山城有眾多莊園的興福寺可謂利益針鋒相對，可以說古市澄胤拋棄了他作為興福寺官符眾徒的身分。

古市氏在應仁之亂中曾多次進駐下狛、木津等南山城要地。古市氏與這一地區的馬借（運輸業人士）關係也很密切，為掌握交通要道而竭盡全力。伊勢貞陸起用古市澄胤，也是看中了他的成績吧。

古市澄胤早就對南山城的經濟利益十分關心，對他來說，兩郡控制權得到承認簡直是雪中送炭。雖然如此，此前古市氏一直與畠山義就、畠山基家及越智氏共同合作，從來沒有單獨發起過軍事行動。僅僅靠貪慾，是沒辦法承擔的。

山田康弘指出，伊勢氏與古市氏透過興福寺松林院走到了一起。文明十三年（一四八一），松林院兼雅逝去，其弟子貞就繼承松林院，事實上這位貞就是伊勢貞宗的弟弟。但是，松林院貞就未能解決兼雅時代就存在的經營困難問題，延德三年（一四九一），興福寺學侶出面接手松林院的經營。但伊勢貞陸插了一腳，於是改為由古市澄胤取代學侶來全權處理。尋尊憤怒不已，卻無法拒絕幕府實力派伊勢貞陸的介入。可以認為，以此事為契機，伊勢氏與古市氏迅速靠近了。

明應二年九月十一日，古市澄胤軍進攻南山城。古市家臣井上九郎向由南山城「總國」軍數百人鎮守的稻八妻城（位於今京都府相樂郡精華町北稻八間小字城山）發起進攻，給「總國」一方造成重大打擊（《大乘院寺社雜事記》《政覺大僧正記》《北野社家日記》）。之所以稻八妻城會成為最初的攻擊目標，是因為這是伊勢氏的「叛徒」進藤氏的居城（《蔭涼軒日錄》）。山城國人雖持續抵抗，但戰況基本上朝有利於古市的方向發展。

即便畠山基家、越智家榮不來援助（畠山基家此時出兵紀伊，越智家榮則與古市澄胤不和），古市氏攻擊南山城也取得了成功，這一是因為「總國」內部出現分裂，也就是不少山城國人反叛到了伊勢、古市一方的緣故。但這不是唯一的原因，很大程度上還因為細川政元反應遲緩。山城國人視細川政元為主君，他卻沒有積極救援的意思。因此，「國中三十六人眾」之間萌生了對細川政元的不信任，甚至有人提出今後應當與赤松氏結成主從關係（《大乘院寺社雜事記》）。

為什麼細川政元不救援「國中三十六人眾」呢？今谷明認為，苦於領國丹波爆發的國一揆的細川政元，對曾驅逐兩畠山勢力的山城國一揆的實力十分擔憂，為斬除將來的禍根，遂與古市聯手鎮壓。然而，細川政元在十月對古市說，要求他保護那些侍奉自己的山城國人，十二月以後態度更為強硬，要求古市軍撤退（《大乘院寺社雜事記》）。甚至還有傳言說細川政元將討伐古市，可見細川政元不曾拋棄山城國人，更不會去鎮壓他們。

但是，細川政元行動不夠迅速，最終沒能保護山城國人確實是事實。關於這一點，末柄豐的見解是，在義稙派仍可能發起反擊的狀況之下，細川政元試圖迴避與伊勢氏的正面衝突，這一解釋頗有說服力。既然打算暫且容忍伊勢氏、古市氏對南山城的控制，他便難以採取對抗之措施。究竟是與伊勢氏的同盟關係優先，還是與山城國人的主從關係優先，在細川京兆家（細川本家）內部好像也存在著派系鬥爭，細川政元前後不一致的對策也與這一狀況有關。

明應政變之後的畿內形勢並不一定會向著細川政元期望的方向發展。

1 寺社及公家的莊園、領地。

2 「總」是中世常見的用語，常用來指代具有一定自治性質的共同組織。譬如總村、總寺、總國、總社。

3 直屬將軍的御家人。

4 擔當行政、審判等事務的管理人員。

終章

應仁之亂的餘波

守護在京制度的瓦解

什麼是應仁之亂？如本書所述，這場大亂有不同的側面，但本質上是兩大大名聯合體的衝突。大亂以這種形式爆發，可以從室町幕府的政治體制中尋找原因。

前著《日本中世戰爭史》中曾講到，誕生之初的室町幕府曾備受諸將反叛的困擾。南北朝內亂平息後，幕府命令在地方作戰的諸將上京，諸將原則上有在京的義務。這是想要監視、控制他們。另一方面，兼任數國守護之職的實力派武將作為「大名」，被許可參與幕府決策。這就是守護在京制度。曾有研究者將室町幕府定義為大名聯合政權，正是出於這個原因。

顯然，在京都構築了宅邸的大名們透過連歌、賞花等活動保持著交流，但不僅是大名與大名個人之間，大名家與大名家之間也有聯繫。紐帶是大名的家臣。譬如說，幕府奉行人飯尾氏同族中，有人擔任細川京兆家或赤松氏的在京奉行，細川京兆家的家臣上原氏或藥師寺氏的同族當中，也有不少人擔任細川氏分家、備中守護家或赤松氏的在京家臣。在京都活動的大名家臣們，通過同族關係與幕府或其他大名家連接起來，維持著以將軍和各大名協商為基礎的幕府政治的運行。

但是，如果將軍領導力不足，大名們的橫向聯繫就會形成派閥。比如嘉吉之變中將軍足利義教被暗殺，將各大名團結在一起的核心喪失，細川、畠山兩管領家開始爭奪主導權。各大名不是集結於將軍之下，而是分別投靠兩管領家，於是細川派與畠山派的派閥鬥爭愈發激烈。

細川勝元與山名宗全合作是為了壓制畠山氏，當畠山氏因為內部糾紛而弱化時，細川氏與山名氏結盟的重要性就降低了。與山名氏領國接壤，備受其壓迫的備中守護家等細川氏旁支本來就對與山名氏結盟抱否定態度。山名宗全一邊，也對助力赤松氏復興的細川勝元不信任。最終，新興勢力山名氏挑戰霸權勢力細川氏，應仁之亂爆發了。

然而，過度強調細川氏與山名氏的對立也是不對的。兩者之間因斯波氏問題（山名宗全支持斯波義廉，細川勝元支持斯波義敏）和赤松氏問題（赤松政則與山名宗全敵對，而與細川勝元交好）等存在矛盾，但二者一直互相妥協，避免平衡被打破。兩者的合作到文正政變驅逐伊勢貞親為止都還能維持，因此不能說細川氏與山名氏的衝突是注定的（參考第二章）。

第三章講到，無論東軍還是西軍，都不是鐵板一塊。西軍核心山名宗全與畠山義就的同盟誕生於文正政變之後，東軍中發揮重大作用的斯波義敏和赤松政則迅速接近細川勝元，也是在他們的庇護者伊勢貞親失勢之後。文正政變使將軍親信勢力下臺，政局一下子動盪起來，這時細川對山名的構圖才變得鮮明。也就是說，兩個陣營都是匆忙拼湊的集團，各大名的兩極化並非導致大亂的主因。

那麼，應仁之亂為什麼爆發？家永遵嗣指出，統治關東的政策對立不容忽視，在偏遠地區的競爭中，大名間的利益是相對較容易調和的。對在京的大名來說，比起在關東數度反叛的足利成氏，在畿南橫衝直撞的畠山義就是更切實的問題。因而，應仁之亂爆發的直接原因是畠山義就上京。應仁之亂爆發後，足利義政試圖讓畠山義就回歸領國，以此阻止戰亂發展，這一事實也可作為旁證。然而，促成畠山義就上京的山名宗全最初的打算是無血政變，並沒有要與細川一方打一場全面戰爭的計畫。

讓事態無法挽回地惡化的，是山名宗全對御靈之戰的介入。即便與畠山政長一對一戰鬥，畠山義就也能取勝，山名宗全派遣援軍之舉只不過是畫蛇添足。本來，各大名之間的合縱連橫是防禦性的、保守的，並不具備聯合進攻的特徵。畠山義就軍受山名宗全支援，擊破畠山政長，看起來像是細川勝元對政長見死不救，令細川勝元失掉了作為武士的面子。細川勝元之所以做出組織東軍開戰的決斷，不用說，是聽了成身院光宣等的進言，同時細川勝元也感到了危機，因為若不訴諸武力，容忍了山名宗全的暴行，就會失掉作為大名聯盟盟主的聲望。

如果問題只是細川與山名二者之間的利益衝突的話，透過交涉達成妥協是可能的。事實上，文明六年（一四七四），細川氏與山名氏先於諸將開始媾和，兩家根本算不上不共戴天之敵。然而，由於細川勝元與山名宗全拉攏了大多數大名，要想解決參戰大名的全部問題，就變得極為困難。而且，戰爭長期化以後，各大名的受損程度越大，他們就越希望能取得足以抵銷所付出的犧牲的成果，戰爭也就更加長期化，變成了惡性循環。從山名氏手中奪回舊領國的赤松政則反對與西軍講和，就是典型的例子。兩軍的矛盾核心不明確，兩位盟主的領導能力有限，導致將軍足利義政的調停不斷失敗。

後來，因大內政弘與齋藤妙椿的奮戰，西軍取得了局部的勝利，但由於補給線被東軍切斷，最終西軍決定放棄戰爭。戰爭以擁戴將軍足利義政的東軍讓叛軍西軍降伏的形式結束了，但人亂前後幕府的權力構造發生了劇變。特別要提出的是，大亂後大多數大名離開了京都，回到了自己的領國。這是因為能夠保證大名管理領國的已不再是幕府對守護的任命，而是大名的實力了。

最近，上田浩介批判了應仁．文明之亂後守護在京制度立即崩潰的定論，認為足利義尚、足利義稙反覆命令在領國的大名上京，成功使一部分大名回京這一事實不能忽視。但守護在京制度並不只是實力派守護（即大名）駐留京都，參與幕府活動而已。

重要的是，吸收各大名的意見，反映到幕府政治中的模式已經蕩然無存。應仁之亂後不久，畠山政長就任管領，但畠山政長忙於討伐畠山義就，並不怎麼關心幕府政治。此後細川政元繼任管領，但多次在就任管領儀式後立即辭職。應仁之亂前，團結各大名並領導幕府政治的管領一職是眾人競相爭奪的對象，如今卻被如此草率地對待，這一事實極好地體現了各大名遠離幕府政治的情況。在各大名家之中，權力已由那些與別的家族有種種關係的在京家臣轉移到扎根地方的領國出身家臣手中，在京的好處確實越來越少了。

大亂後勉強維持的守護在京原則，因明應政變而完全崩潰。在京的各位大名一個接一個地回到了領國。政變後仍然存在支持足利義稙的大名，因政變被擁立上臺的足利義澄缺乏正統性也是一個問題。即便如此，政變發動者細川政元自己仍不時離京，並沒有積極輔佐足利義澄的意思。正如足利義澄感歎的「天下諸侯，各自在領國割據」（《鹿苑日錄》），將軍的權力基礎僅剩下近臣和奉公眾等直臣階層而已了。

根據這樣的事實，今谷明提出的細川政元發動政變是為了擁立傀儡將軍，自己作為事實上的將軍君臨天下的說法是無法成立的。正如山田康弘所證實的，政變後主導幕府政治的是伊勢貞宗，細川政元是從外部支持幕府。而且本來細川政元是否是明應政變的首謀者就存疑，甚至有一種觀點認為，其實是與伊勢貞宗關係親密的細川政元重臣上原元秀說服細川政元發動政變。

從另行任用將軍這種誇張的做法來看，我們常常不知不覺就會想像細川政元有壟斷幕府政治、樹立細川政權的野心。但應仁之亂後的幕府，是否真具有特地奪取的價值，尚有商榷的餘地。細川政元參加明應政變的最大動機，應該是擔憂因將軍長期親征河內，領國攝津會陷入混亂。從他背叛父親細川勝元的盟友畠山政長這件事上也可以看出，為掌握幕府而需要高門第人物畠山政長的細川勝元，與把支援缺乏實力的政長視作重擔的細川政元兩者政治志向的差異。末柄豐指出，細川政元在京是為了以京都為節點，掌控攝津、丹波兩個領國。與其他在領國的大名一樣，比起幕府政治，細川政元更優先考慮的是領國的統治，這一見解是恰當的。

隨著戰國史研究的發展，應仁之亂後的將軍並不只是裝飾，而是具備一定權威和權力的存在，這一點愈發明朗。然而不容忽視的是，如神田千里所指出的，戰國時代的「天下」一詞其實是五畿內的意思。戰國時代將軍統治區域的「天下」，僅限定在京都周邊。一般說的「守護大名」是以將軍權威為背景實施領國統治；與之相對，戰國大名是依靠自身實力統治各「國」。因此，將軍無法干涉戰國大名的內政。可以說，幕府變成了一個畿內政權。由於將軍出面調停，戰國大名之間偶爾也會出現紛爭，將軍地位高於大名這一點並未發生變化，但這與應仁之亂前將軍與各大名在京都透過反覆協商阻止戰爭、維持全國政治秩序的體制已經完全不同了。

室町幕府是各大名推戴將軍為領袖的「一揆」同盟，可以這樣評價。嘉吉之變後的政局使各大名的同盟一分為二，變為對立的兩大陣營，引發了應仁之亂。但諷刺的是，挑起應仁之亂，同時也是應仁之亂主體的兩大大名集團，隨著戰爭結束一併解散了。接著，一直在幕府政治中被埋沒的守護代階層和遠國守護，作為戰國大名登上了歷史舞臺。以往以京都為中心的政治秩序被迫發生劇變，地方的時代開始了。

京都文化向地方的傳播

守護在京制度的崩潰，也在文化上帶來了很大的影響。下面參考末柄豐的研究來進行一個大致的說明。高中的日本史教科書也講了室町時代文化向地方普及的狀況，但一般的講解說，其原因是公家躲避戰亂，逃往地方。但是，這一現象其實與武士也有很大關係。

前面也已提到，除了奧羽、關東、九州等遠國，守護原則上有在京的義務，領國的統治交由守護代管理。身兼數國守護的大名家，連守護代也住在京都，小守護代（又守護代）在地方活動。當然，守護並不是一個人待在京都，通常情況下是與兩三百名家臣一起在京都生活。

而且居住在京都的，不只是與守護有關的人。如本書所述，政所執事、奉行人這樣的幕府政務機構職員，或者將軍親衛隊奉公眾，日常情況下也在將軍身邊侍奉。考慮到他們各自還有家族及手下人跟隨，人數必然龐大。

有一個說法，應仁之亂前京都人口大約有十萬，其中與武家有關的達到了三四萬。這些在京武士或是與貴族、五山僧[1]連歌唱和，或是樂於茶道等，歌頌京都的文化生活，並派遣代官來管理自己在地方的領地。他們和那些統治著遠處的寺社本所領的京都貴族、僧侶一樣，都是「不在地主」。

提到室町文化的創造者，一般會想到二條良基[2]或一條兼良這樣的貴族，或是絕海中津、義堂周信[3]這樣的禪僧。但是不應忽視的是，透過與貴族和禪僧的交流，武士們的文化水準也提高了不少。

連歌師宗祇在連歌集《竹林抄》中，列舉了應仁之亂前活躍的著名連歌家「連歌七賢」。其中，高山宗砌、蜷川智蘊、杉原宗伊三位是武士。高山宗砌是山名宗全的家臣，蜷川智蘊是政所執事伊勢氏的家臣，杉原宗伊是備後國出身的奉公眾。因為守護或幕府職員、奉公眾等為了順利處理政務，需要日常交際，連歌對在京的武士而言就是必要的教養。

雖然如此，武士對室町文化做出的主要貢獻與其說是創造者，不如說是資金提供者。那個時代，武士的財力超過公家和寺社，以將軍為首的在京武士是京都文化的後援人。譬如能樂的集大成者世阿彌，就受足利義滿的庇護，能阿彌（連歌七賢之一）是足利義教和足利義政的同朋眾。由此可知，新的文化是在武家的經濟支持之下百花齊放的。

應仁之亂中，守護代朝倉孝景迅速前往越前，奪取了守護斯波氏的領國，由這個事例可知，隨著戰亂的長期化，守護本人若不親自去他的領國統率國人，他的統治就無法維持。於是，大亂結束後，在京都作戰的大名一齊回到了領國。

另外，以一條兼良為首，為躲避戰亂逃亡到奈良等地的貴族也為數不少，但他們多數在戰後就回到了京都。因為奈良在畠山義就進軍河內之後，變得比京都還要危險。然而，回京之後，多數貴族再度去了地方。為了解決經濟困難，他們投靠了地方的守護和國人。

公家的動向常常更吸引人的注意，但需要注意的是，守護和守護代多數在大亂以前住在京都。以應仁之亂為契機，守護和守護代返回領國，這是公家奔赴地方的前提。正因為在應仁之亂前，在京都的武士就與貴族或僧侶有密切交流，並能理解他們的文化，如今武士在地方，飄零的貴族才會決定去地方。

應仁之亂後，往來於京都與地方之間的不只是貴族。譬如說，連歌師成為一種職業，在各地旅行，謀求生計，也是這一時期的事情。他們的目的地與貴族一樣，是在領國的守護、守護代，或者實力派國人的宅邸。應仁之亂以前的連歌七賢，或是侍奉特定主君的在京武士（宗砌、智蘊、宗伊），或是屬於特定寺院的僧侶（池坊專順、心敬、行助），或是侍奉將軍的同朋眾（能阿彌），沒有人僅以連歌謀生，他們都是業餘藝術家。周遊各地、以開辦連歌會為業的專業連歌師是在應仁之亂後守護歸國以後才出現的，其中亂後排名連歌界第一的是宗祇。

此外，十五世紀後半葉以後，居住在領國的守護和守護代在國內修建了豪華的宅邸。根據考古調查，全國各地都發現了這些守護宅邸（守護所）的遺址，其中大多數是建在平地上、邊長一百五十至二百米左右的方形宅邸。宅邸內有舉行連歌會或茶會的「會所」（會所大多面朝園林中的水池）。主殿、常御殿、遠侍等配置通常都一樣。對主君斯波氏發動了「下剋上」的朝倉氏居城、越前一乘谷朝倉宅邸也不例外，並沒有什麼地方特色或個性。

這些守護宅邸的構造是對「花之御所」（室町殿）等將軍宅邸的模仿。來到地方的守護或守護代懷念曾經在京都玩味的文化生活，於是試圖在領國再現那些奢華時光。中世都市史研究者小島道裕將這種京都文化在地方再造的狀況稱為「花之御所」體制。

此外，根據公家兼歌人冷泉為廣記錄的《越後下向日記》所述，越後守護上杉氏在府中修建的宅邸還附有舉行獵犬活動的馬場和能讓賓客住宿的禪宗寺院。這種構造應該是對京都將軍御所的模仿。很多守護宅邸都建在河流西岸，這應該是對建在鴨川以西的平安京的效仿吧。

周防守護大內氏在山口以京都為模型建造了一個地方都市。這個時不時被稱作「小京都」的都市，是在大內氏對京都文化的憧憬之下誕生的。

另一方面，現實的京都之內，由於守護或奉公眾回歸領國居住，居民數驟減，街區的範圍大幅縮小。戰國時期的京都，是一個由以武家、公家為中心的上京，以町人為中心的下京，以及周邊的寺社和門前街市等多個街區構成的複合都市。很多「洛中洛外圖屏風」所描繪的豪華絢爛的花之都景象，其實不過是描繪想像中「虛構」的京都而已，與真實狀況有巨大的差距。地方上「小京都」的頻出和京都的荒廢，是一體兩面的事情。

戰國大名與鄉村

應仁之亂走向長期化、大規模化，兩軍都拚命從鄉村徵兵。幕府直接向鄉村管理者下達命令，是從應仁之亂開始的。這很好地表現出了總動員體制中，鄉村政治地位上升的狀況。另一方面，僅僅靠單方面、強制性的命令，鄉村是不會聽從的。文明元年（一四六九）十一月，畠山義就和西軍一方的西岡眾約定，把寺社本所領莊園四分之一的田租收入轉交給他們，以此為利，慫恿他們參戰。據此，東寺下屬下久世莊的公文久世氏向東寺索取四分之一的田租。

不過以上事例終歸只是給予鄉村的管理者個人糧食，應仁之亂中，也出現了向鄉村提供糧食的事例。其中最早的例子是文明元年六月，東軍賞賜給山科七鄉（今京都市山科區，由莊園領主各異的七個本鄉和九個組鄉構成）的半濟政策（《山科家記》）。對鄉村給予的半濟，指的是田租免除一半[4]。因田租減少而困擾的是寺社本所，也就是莊園領主，武家是不會感到心痛的。因此，武家勢力胡亂發出半濟給予的命令。

應仁之亂中，透過半濟給予來婉轉地提供報酬以向鄉村徵兵的方式，得到了普及。戰爭結束後，每當戰亂爆發，透過半濟給予實施軍事動員的現象必然存在。鄉村反過來利用這點，即便在武家勢力不承諾半濟給予時也要求他們提供半濟，也就是減租，作為軍事協作的代價。武家勢力收到寺社本所的悲訴，命令停止半濟，但沒有什麼實際意義。

鄉村要求半濟，基本上有要求軍功賞賜的特點，但不僅僅如此。戰亂、天災爆發時，為政者有義務實施善政，解救困苦的黎民，這是中世社會的普遍觀念。正如田中克行所說，在當時的認識裡，戰時的半濟屬於「德政」的一部分，民眾要求減租，是理所應當的。近世初期出現了「弓矢德政」[5]這個概念，戰時的半濟給予政策簡直稱得上是先驅。

事實上，應仁之亂中，只有京都周邊沒有發生土一揆，其他地區都時不時出現。文明四年襲擊了奈良的土一揆就是一例。我們來看備後國（今廣島縣東部）的例子。應仁之亂初期，西軍在備後國處於優勢，因此應仁二年（一四六八）十一月，與父親山名宗全不睦而投靠東軍的備後守護山名是豐親赴備後（《碧山日錄》）。東軍於是捲土重來，次年，即文明元年，西軍從備後被驅逐出去。

這時，備後爆發土一揆，要求實施德政。這次土一揆應該是東軍在與西軍大內軍作戰失敗之際煽動起來的。因為他們以要求德政為名發起暴動，可能東軍許諾了實施「德政」。

這裡的「德政」具體是什麼東西呢？根據具體狀況考慮，譬如說從西軍那裡借來的米錢不用還了，或者取回自己的擔保物或抵押的土地，應該就是這樣的內容。在中世，未繳納田租被視作對領主負債，那麼禁止西軍來催促交租，並承諾減免田租是有可能的。

利用德政進行的軍事動員在應仁之亂後也存在。永正元年（一五〇四）九月，藥師寺元一固守澱城，發動對主君細川政元的叛亂。細川軍出征討伐藥師寺元一後，京都爆發了土一揆。對此，幕府一面發佈德政令，對土一揆採取懷柔之策，一面對京都周邊的鄉村以半濟免除為條件，實施軍事動員。以土一揆軍為首，京都居民及近處的鄉民，在幕府軍的率領下進攻澱城，大破藥師寺元一（《後法興院記》《宣胤卿記》等）。

永正八年八月，尊奉足利義稙的細川高國（野州家出身，細川政元養子）與大內義興在船岡山之戰中擊敗細川澄元（讚州家出身，細川政元養子），佔領京都，次月就爆發了土一揆，於是剛剛建立新體制的幕府不得不發佈德政令（《實隆公記》）。正如足利義教死後襲擊京都的土一揆所說的「換代的時候要實施德政，自古以來就是如此」，中世人有一種社會觀念，認為為政者更替之際，所有權關係和借貸關係等此前既有的社會關係都應該被清算。毫無疑問，永正八年的土一揆是趁京都混亂時發動的，但應該也打出了要求「換代德政」的旗號吧。前面提到的備後土一揆，也是趁統治者由西軍改變為東軍的當口開始的，並不單單是被東軍組織起來的產物，可能也是意識到了「換代德政」的結果。

武家一方在「政權更替」時也積極地發佈德政令。文明九年，從京都歸國的大內政弘於次年進攻北九州，從少二氏手中奪取筑前。大內政弘於是在十月，於筑前發佈了德政令（《大內氏掟書》）。這個德政令是針對應仁之亂中支持大內氏的筑前國人發佈的，所以這次德政的一個特點是作為軍事動員的報酬，但並不單單如此。這次德政令中，文明十年八月十七日以前的借據被判為無效，因此這次德政令其實也是對舊統治者少二氏時代締結的借貸關係的否定。這不僅僅是為了強化「政權更替」的印象，也是透過廢除筑前國人與少二氏相關人員的債務，來消除少二氏的影響力。換言之，德政令的發佈，是佔領行政的一部分。

這種以戰爭結束和政權更替為契機的德政令也被戰國大名所繼承。提到德政令，總伴隨著某種不負責任的印象，但在重新整理土地所有權關係這一意義上，與檢地6有相通之處，可以被理解為一種領國政策。

戰國大名為了防備日常的戰亂，在修造城郭時需要從鄉村徵發民夫（普請役），戰時也會徵發運輸物資的民夫（陣夫役）。當大名的領國整體面臨侵略危機之時，也會向鄉村農民徵兵。既然要實施這樣的總動員體制，戰國大名就必須為了維持鄉村的運行而在民政上下工夫。這就與大名把領國的管理委任給守護代以下，自己在京都獲取收益的室町時代大為不同了。

後北條氏曾向鄉村發佈大量文書，正如這一典型例子一樣，與鄉村、百姓直接面對面，這是戰國大名與前代當權者的最大不同。而這樣的社會動向的出發點，就是應仁之亂。

殘存的興福寺

古市澄胤的南山城統治因為尚未停止的國人反抗，並不如預想一般順利。細川氏分家讚州家謀求山城守護之位，因此秘密支援山城國人，也是原因之一（《後慈眼院殿御記》）。這時，明應四年（一四九五）十一月，河內守護畠山義豐重臣遊佐彌六自稱「山城守護」，侵入南山城，進兵槙島（今京都府宇治市槙島町）。尋尊推測說「是為了救援古市吧」，但此後古市也未必對遊佐的軍事行動表示歡迎，所以也有研究者將其視為敵對軍事行動。

無論如何，河內畠山氏介入南山城，給細川政元造成了刺激。明應五年八月，細川政元麾下猛將赤澤朝經（澤藏軒宗益，以下稱為赤澤宗益）進攻山城（《後法興院記》）。因此，遊佐彌六以及駐留南山城的古市家臣井上近江守從山城撤軍（《大乘院寺社雜事記》）。次年，即明應六年，南山城三郡守護代由赤澤宗益擔任，北山城五郡守護代由細川政元重臣香西元長擔任，由細川京兆家的軍事力量來支持守護伊勢氏的不正常的統治體制誕生了。伊勢氏對細川氏勢力的進駐表示認可，細川氏也承認伊勢氏繼續擔任守護，這一體制可以說是雙方妥協之下的產物。

在山城統治的問題上處於競爭關係的伊勢氏和細川氏互相妥協，是因為足利義稙派勢力擴大，對足利義澄的政權構成了威脅的緣故。趁明應六年七月爆發的河內畠山氏內鬥，支持足利義稙的紀伊畠山尚順拓展了勢力，筒井藤王丸、十市遠治等尚順一方（曾經的畠山政長一方）加強了對河內及南山城的攻勢。九月末至十月初，筒井等「牢人」回歸奈良，古市、越智等敗退。文明九年（一四七七）時被畠山義就擊潰的筒井氏時隔二十年再度回歸舞臺。

控制了奈良的筒井對興福寺宣誓「不在大和籌措軍費，徵發民夫」，因越智家榮反覆徵收物資而叫苦不迭的尋尊十分歡喜。然而，畠山尚順十一月末進駐大和國之後，情勢驟變。畠山尚順沒收了義豐一方萬歲氏的領地，賜給了自己的馬回眾（親衛隊）。

正如本書所述，筒井派與越智派在大和爭鬥不休，勝者奪取敗者的土地已司空見慣。但是，這終歸只是侍奉興福寺的大和眾徒與國民之間的領地轉移，興福寺在形式上仍保持著影響力。一旦他國武士的佔領出現，這就是迄今為止完全不一樣的事態了。尋尊憤怒地說：「武家家臣在神國大和國握有領地，是可忍孰不可忍。」

明應八年正月末，畠山尚順終於在河內消滅了宿敵畠山義豐，畠山義豐嫡子義英敗走。自信滿滿的畠山尚順進一步強化了對大和的統治，沒收了義豐一方片岡與吐田的土地，賜予自己的家臣。沒收犯罪者的領地，並將其給予別人，這一權力被稱作闕所地處分權，本來是守護的許可權。大和國不設置守護，興福寺就是事實上的大和守護。畠山尚順行使闕所地處分權，就是對興福寺守護權的否定。尋尊的危機感越來越強了。

當年九月五日，畠山尚順回應足利義稙起兵，開始從河內向京都進軍。畠山尚順一方的大和勢力也進軍南山城。這場戰役是足利義稙與足利義澄「兩將軍」爭奪霸權的戰役，尋尊戰慄地說：「應仁之亂以來，還沒有這種程度的大亂。」然而九月末，赤澤宗益將南山城的尚順一方一掃而空，被尚順一方驅逐的「三十六人山城眾」也得以回歸（《大乘院寺社雜事記》《中臣師淳記》）。

古市澄胤眼見赤澤宗益迅速進軍，便投靠到宗益麾下；其他眾徒與國民卻擔心宗益入侵大和，於是加強了團結。十月末，越智家令與筒井藤王丸、成身院順盛、十市遠治等議和，決定在足利義稙和足利義澄的爭鬥中保持中立，並將他國勢力從大和驅逐出去。除了古市澄胤，三十餘名眾徒與國民參加了這次議和，它稱得上大和國版的山城國一揆。此外，當年十一月，筒井藤王丸出家，改名順賢（《大乘院寺社雜事記》）。

從越前向京都進軍的足利義稙於十一月在近江敗給六角高賴，逃往河內，十二月投靠大內義興，去了周防（《大乘院寺社雜事記》《大乘院日記目錄》《後法興院記》）。赤澤宗益在十一月十二日率數千兵進入南山城，足利義澄一方已宣告勝利，宗益侵入大和更加有現實意義。筒井等在大和各處巡邏守衛，六方眾對宗益進行「名字封印」。尋尊對這一系列舉動持批判態度：「本次的戰鬥是畠山尚順與細川政元、畠山義豐的爭鬥，興福寺不應該參與進去。」

尋尊本來對在近江為恢復大乘院領屬莊園助一臂之力的足利義稙頗有好意，足利義稙最初為奪回政權而起兵時，他還評價說：「一方是將軍，一方是細川。」也就是說，這是「將軍」足利義稙 細川政元的衝突，前者更具有大義名分。但足利義稙敗退近江以後，尋尊說「現在的戰鬥是兩畠山與細川三者的爭鬥而已」，以免引起赤澤宗益的敵意。當他確信足利義澄、細川政元、赤澤宗益佔據優勢時，他就首先要考慮與勝利者的關係，尋尊的現實主義表現得十分明顯。赤澤軍在過去的七月裡有對足利義稙一方的比叡山發動火攻的「成績」，他的兇狠暴行可能曾在尋尊的腦中閃過。

果然，十二月十八日，赤澤軍數千人以古市澄胤為先鋒攻入大和，擊破眾徒與國民，騷擾沿途諸寺，侵入奈良。赤澤軍在奈良町的暴行自不待言，在興福寺內也極盡野蠻粗暴之能事。尋尊有生以來從未見過奈良被破壞到這個地步，簡直就是「聞所未聞」。

雖然尋尊對古市引入外部勢力非常憤怒，但對六方眾懸賞尋求宗益首級的輕率行為也表示反對。這是被宗益挑釁的結果，他很不滿。筒井等也離開了奈良。

此後，大和國納入了赤澤宗益的強權統治之下。宗益在永正元年（一五〇四），細川京兆家內部的權力鬥爭中敗北下臺，在藥師寺元一之亂後復出。由於暫時退出大和的赤澤軍還有再次侵入的跡象，眾徒與國民再度奮起。永正二年二月，越智家令的女兒出嫁筒井順賢。當年十一月，布施、箸尾、越智、萬歲、吐田、楢原、片岡、筒井、十市九氏請求興福寺不要許可侵略河內的赤澤軍經過大和（《多聞院日記》）。越智派與筒井派的結盟確立下來。

大和主要眾徒、國民團結一致，是應永二十一年（一四一四）國中之戰以來時隔九十年沒有的事情。這一歷史性和解的契機是永正元年十二月，兩畠山氏為打倒細川政元而聯合（《大乘院寺社雜事記》《後法興院記》《實隆公記》）。畢竟大和國人在應仁之亂以前就分別作為畠山政長派和畠山義就派相爭了。

然而，僅僅因為這個原因，這種舉國一致的體制就能夠實現嗎？赤澤軍的威脅才是團結的原動力。永正三年三月，赤澤宗益擊破河內兩畠山氏，七月追究未協助河內征討之罪，再度入侵大和。興福寺擔憂赤澤軍會發動掠奪，於是與細川政元交涉，獲得了禁止赤澤軍掠奪的制箚文書。另一方面，成身院順盛震驚於赤澤軍的強悍，於是去做細川政元的工作，希望他保住侄子筒井順賢的性命，哪怕只能保住他一個。但筒井順賢拒絕赦免，表示「捨棄大和苟活毫無意義」，選擇了與其他大和國人一同戰鬥。大和各路勢力之間出現了一種前所未有的團結之勢（《多聞院日記》）。

在赤澤軍的猛攻之下，大和國人聯軍敗退，然而永正四年六月，在細川京兆家繼承人爭奪的漩渦中，細川政元被暗殺。正與丹後一色義有交戰的赤澤宗益接報迅速返回京都，卻遭到敵人追擊戰死。此後，在細川澄元的命令下，赤澤長經（宗益養子）入侵大和，擊退大和國人聯軍。之後赤澤長經轉戰河內，與畠山義英交戰（《多聞院日記》等）。

然而，尋尊對這一系列動亂的過程並沒有多少興趣。尋尊知道自己死期將近，終日讀經三昧。永正五年五月二日，尋尊示寂，享年七十九歲。

五天前的四月二十七日，大內義興擁戴前來周防的足利義植在和泉國堺登陸。細川高國與畠山尚順與之呼應，大和勢力也打出了足利義植派的旗幟。足利義澄派的細川澄元派遣赤澤長經和古市澄胤去大和，他們在七月十九日奈良的戰鬥中大勝，筒井等逃亡河內。赤澤長經、古市澄胤追擊，卻在河內戰敗，古市澄胤戰死，長經被捕斬首（《中臣祐彌記》等）。幾度血洗大和國的赤澤父子遭遇悲慘的結局，為了一己榮華富貴背叛興福寺與其他大和國人的古市澄胤曝屍沙場。若是尋尊還健在，他會有怎樣的感慨呢？果然還是會得意揚揚地說「春日大明神的懲罰應驗了」吧。

此後，經過一番周折，筒井、越智、箸尾、十市四氏聯合體制成立，大和國進入安定期。興福寺統治大和一國的局面徹底改變。不過大和國人繼續利用興福寺的權威和權力實施統治，最終也沒有脫離興福寺而獨立。

學術界將此稱作大和國人的「極限」，一般持否定評價。學術界指責其保守性，沒能夠打倒興福寺這個腐敗的權力中心，只能繼續奉迎其旨意。但是，大和國人之所以能夠放下持續數代的仇恨，實現團結一致，正是因為他們有侍奉興福寺的自我認同。不可否認的是，興福寺的權威在號召抵抗外部侵略時起到了一定作用。

筆者在前著《日本中世戰爭史》中說，戰後歷史學依據的革命思想與反戰和平思想有多處矛盾。在前近代社會中，既有權威往往是被戰亂打破的。中世興福寺或許阻礙了大和國人作為領主的成長，但另一方面，也減輕了戰爭造成的損害。若不從這兩方面展開評價，對興福寺是不公平的。

此後的興福寺持續與畿內瞬息萬變的武家勢力交涉，特別是松永久秀進入大和國，給當地帶來了很大衝擊，但這些超出了本書的主題。現在，我只想對艱難挺過戰亂時代的經覺與尋尊致以敬意。

---

1 五山禪僧。五山制度取自南宋，此時的五山指京都、鎌倉共十一個禪宗寺院。

2 日本南北朝時代的公卿（一三二〇至一三八八）。

3 二者都是夢窗派的禪僧，前者曾入明留學，覲見明太祖朱元璋；後者是對足利義滿影響極大的禪僧，著有日記《空華日用工夫略集》。

4 如前所述，這裡的田租，原文作「年貢」，本來是莊園領主應該獲得的收入。這裡的半濟指交給莊園領主的田租免除一半。

5 因戰爭受害而實施的德政。

6 對田地面積及產量進行調查。

主要參考文獻

二手文獻

朝倉弘『奈良県史11　大和武士』名著出版，一九九三年。
熱田公『中世寺領荘園と動乱期の社会』思文閣出版，二〇〇四年。
阿部浩一『戦国期の徳政と地域社会』吉川弘文館，二〇〇一年。
家永遵嗣『室町幕府将軍権力の研究』東京大學日本史學研究室，一九九五年。
同「軍記『応仁記』と応仁の乱」（學習院大學文學部史學科編『歴史遊學』山川出版社，二〇〇一年）。
同「再論・軍記『応仁記』と応仁の乱」（學習院大學文學部史學科編『〔增補〕歴史遊學』山川出版社，二〇一一年）。
同「足利義視と文正元年の政変」（『學習院大學文學部研究年報』61，二〇一四年）。
池上裕子『日本の歴史（10）戦国の群像』集英社，一九九二年。
石田晴男『応仁・文明の乱（戦争の日本史9）』吉川弘文館，二〇〇八年。
伊藤俊一『室町期荘園制の研究』塙書房，二〇一〇年。

稻葉伸道『中世寺院の権力構造』岩波書店，一九九七年。
今谷明『室町幕府解体過程の研究』岩波書店，一九八五年。
同『土民嗷々―一四四一年の社会史』新人物往來社，一九八八年。
『日本の歴史9 日本国王と土民』集英社，一九九二年。
上田浩介「守護在京解体の画期と幕府求心力についての一考察」(『新潟史學』69，二〇一三年)。
植田信廣「名字を籠める扁という刑罰について」(『法政研究』53―1，一九八六年)。
榎原雅治『室町幕府と地方の社会』岩波書店，二〇一六年。
海老澤美基「一五世紀の戦争と女性」(西村汎子編『戦の中の女たち』吉川弘文館，二〇〇四年)。
大藪海『室町幕府と地域権力』吉川弘文館，二〇一三年。
小川信『山名宗全と細川勝元』新人物往來社，一九九四年。
川岡勉『室町幕府と守護権力』吉川弘文館，二〇〇二年。
同『山名宗全』吉川弘文館，二〇〇九年。
同『山城国一揆と戦国社会』吉川弘文館，二〇一二年。

神田千里『戦国時代の自力と秩序』吉川弘文館，二〇一三年。
木下聡編著『管領斯波氏』戎光祥出版，二〇一五年。
久留島典子『一揆と戦国大名 日本の歴史13』講談社，二〇〇一年。
小谷利明「畿内戦国期守護と室町幕府」（『日本史研究』510，二〇〇五年）。
酒井紀美『日本中世の在地社会』吉川弘文館，一九九九年。
同『夢から探る中世』角川書店，二〇〇五年。
同『応仁の乱と在地社会』同成社，二〇一一年。
井英治『室町人の精神 日本の歴史12』講談社，二〇〇一年。
佐藤圭『朝倉孝景』戎光祥出版，二〇一四年。
設樂薫「将軍足利義材の政務決裁」（『史学雑誌』96―7，一九八七年）。
同「足利義材の没落と将軍直臣団」（『日本史研究』301，一九八七年）。
同「足利義尚政権考」（『史学雑誌』98―2，一九八九年）。
同「室町幕府評定衆摂津之親の日記『長禄四年記』の研究」（『東京大學史料編纂所研究紀要』3，一九九二年）。
清水克行『日本神判史』中央公論新社，二〇一〇年。
末柄豊「細川氏の同族連合体制の解体と畿内領国化」（石井進編『中世の法と政治』

吉川弘文館，一九九二年）。
同「室町文化とその担い手たち」（榎原雅治編『日本の時代史(11)一揆の時代』吉川弘文館，二〇〇三年）。
同「応仁・文明の乱」（『岩波講座日本歴史』8，二〇一四年）。
鈴木良一『応仁の乱』岩波書店，一九七三年。
同『大乗院寺社雑事記：ある門閥僧侶の没落の記録』そしえて，一九八三年。
高橋修「応仁の乱前の一色氏に就いて」（小川信先生の古稀記念論集を刊行する会編『日本中世政治社会の研究』続群書類従完成会，一九九一年）。
高橋康夫『京都中世都市史研究』思文閣出版，一九八三年。
同編『中世のなかの「京都」』新人物往來社，二〇〇六年。
高山京子『中世興福寺の門跡』勉誠出版，二〇一〇年。
竹本千鶴「茶道史における『淋汗茶湯』の位置付け」（二木謙一編『戦国織豊期の社会と儀礼』吉川弘文館，二〇〇六年）。
田中克行『中世の惣村と文書』山川出版社，一九九八年。
田中健夫『中世海外交渉史の研究』東京大學出版會，一九五九年。
田中倫子「戦國期における荘園村落と権力」（『日本史研究』193，一九七八年）。

田端泰子『足利義政と日野富子』山川出版社，二〇一一年。
鳥居和之「応仁・文明の乱後の室町幕府」（久留島典子、榎原雅治編『展望日本歴史11 室町の社会』東京堂出版，二〇〇六年·；初出一九七六年）。
永島福太郎「大乗院寺社雑事記について」（日本史研究會史料研究部會編『中世社会の基本構造』御茶の水書房，一九五八年）。
永島福太郎『一条兼良』吉川弘文館，一九五九年。
同『応仁の乱』至文堂，一九六八年。
永原慶二『日本の歴史（10）下剋上の時代』中央公論社，一九六五年。
永村眞編『醍醐寺の歴史と文化財』勉誠出版，二〇一一年。
早島大祐『足軽の誕生 室町時代の光と影』朝日新聞出版，二〇一二年。
藤井崇『大内義興』戎光祥出版，二〇一四年。
藤木久志『飢餓と戦争の戦国を行く』朝日新聞社，二〇〇一年。
藤田達生編『伊勢国司北畠氏の研究』吉川弘文館，二〇〇四年。
古野貢『中世後期細川氏の権力構造』吉川弘文館，二〇〇八年。
百瀬今朝雄「応仁・文明の乱」（『岩波講座日本歴史』7，一九七六年）。
茂暁『闇の歴史、後南朝 後醍醐流の抵抗と終焉』角川書店，一九九七年。

同『満済』ミネルヴァ書房，二〇〇四年。
同『室町幕府崩壊』角川書店，二〇一一年。
森田恭二『足利義政の研究』和泉書院，一九九三年。
同『戦國期歴代細川氏の研究』和泉書院，一九九四年。
安國陽子「戦國期大和の権力と在地構造」（『日本史研究』341，一九九一年）。
安田次郎『中世の奈良』吉川弘文館，一九九八年。
同「尋尊と『大乗院寺社雑事記』」（五味文彦編『日記に中世を読む』吉川弘文館，一九九八年）。
同『中世の興福寺と大和』山川出版社，二〇〇一年。
同「筒井氏の『牢籠』と在地支配」（勝俣鎮夫編『寺院・検斷・徳政』山川出版社，二〇〇四年）。
同編『大和の武士と武士団の基礎的研究』（科研報告書二〇〇四年）。
山田康弘『戦国期室町幕府と将軍』吉川弘文館，二〇〇〇年。
山本隆志『山名宗全』ミネルヴァ書房，二〇一五年。
弓倉弘年『中世後期畿内近国守護の研究』清文堂出版，二〇〇六年。
吉田賢司『室町幕府軍制の構造と展開』吉川弘文館，二〇一〇年。

＊
大乗院寺社雑事記研究會編『大乗院寺社雑事記研究論集』1～5，和泉書院，二〇〇一～二〇一六年。

史料

『大日本史料』第八編　東京大學出版會。
『満済准后日記』（『続群書類従』補遺一）続群書類従完成会・八木書店。
『看聞日記』（『続群書類従』補遺二）続群書類従完成会・八木書店。
『経覚私要鈔』（史料纂集）続群書類従完成会・八木書店。
『師郷記』（史料纂集）続群書類従完成会・八木書店。
『建内記』（大日本古記録）岩波書店。
『康富記』（増補史料大成）臨川書店。
『親長卿記』（増補史料大成）臨川書店。
『蔭涼軒日録』（増補続史料大成）臨川書店。
『斎藤基恒日記』（増補続史料大成）臨川書店。
『大乗院寺社雑事記』（増補続史料大成）臨川書店。

『大乗院日記目録』（増補続史料大成）臨川書店。
『碧山日録』（増補続史料大成）臨川書店。
『後法興院記』（増補続史料大成）臨川書店。
『応仁記』『応仁略記』『応仁別記』（『群書類従』第二十輯）続群書類従完成會・八木書店。

後記

我與責任編輯並木光晴第一次就本書構想交換意見是在二〇一四年。這一年一月我的《日本中世戰爭史》（新潮選書）出版了。這本書以蒙古襲來至應仁之亂約兩百年間發生的種種戰鬥、戰亂為物件，最後以關於應仁之亂的草率說明為結束。應仁之亂是日本史上最大的內亂之一，是作為中世史研究者無論如何一定想正面書寫的主題，於是我向並木光晴提議「想寫寫應仁之亂」。

二〇一四年是第一次世界大戰開戰一百週年，關於這場世界大戰，出版了很多書籍、雜誌、特刊等等。大致瀏覽了這些出版物之後，我想，應仁之亂不是與第一次世界大戰很相似嗎？

第一次世界大戰是多種因素交織的戰爭，一言以蔽之，就是新興帝國德意志，對以霸權國家英國為中心的世界秩序發起挑戰的戰爭。但即便是對於受塞拉耶佛事件影響而提出支持奧匈帝國和催促對塞爾維亞開戰的德國，最初也並不期望與支持塞爾維亞的俄國、法國展開全面戰爭，與英國的衝突等就更不曾設想過了。這種情況對於英法俄等其他列強亦然，各國領導人並不一定好戰，倒不如說都是在計畫之外投入到了世界大戰之中。而且縱然所有參戰國都希望短期一決勝負，戰爭卻呈現出長期化、總體戰的樣貌。最終，因為英國海軍實施海上封鎖，補給線被切斷了的德國選擇投降，戰爭結束。但勝利者英法也因戰爭而十分疲敝，歐洲世界整體陷入沒落。

應仁之亂，也有新興勢力山名氏向以霸權勢力細川氏為中心的幕府秩序發起挑戰的特徵。但是山名宗全最初絕不期望與細川勝元展開全面戰爭，目標僅僅是軍事介入畠山義就與畠山政長之間的局部戰鬥——御靈之戰，幫助畠山義就取得勝利而已。細川勝元的反擊，與其說想積極地、攻擊性地打倒山名氏，倒不如說擔心拋棄盟友畠山政長會損傷作為大名的面子，無奈之下才選擇報復。東西兩軍都希望短期決戰，戰爭卻走向長期化，呈現出動員足輕和鄉民開展總體戰的樣貌。最終，因為被東軍切斷了補給線，西軍投降，戰爭結束。但東軍諸將也損失巨大，連以鋼鐵般團結著稱的細川氏一族日後也內鬥不斷。沒落的參戰大名被甩在了後面，所謂的「戰國大名」崛起了。無問古今東西，人類也許總是在重複著同樣的錯誤。

正如本書開頭引用的戰前、戰後的觀點，很多人將應仁之亂比喻為打開新時代的「革命」。不可否認，應仁之亂在結果上的確實現了這一意義，但這並不是追求變革的民眾運動，而是統治階層的「自滅」所帶來的結果，這一點需要注意。而且，不應該忘卻的是，這場「革命」流了多少血。

雖然如此，事後諸葛亮似的批判將軍與大名的「愚蠢行為」，還是有些不當，要盡可能地把他們的想法和判斷按照當時人的認識與感覺來理解。他們也適當地考慮了「出口戰略」，為了結束戰爭，也做了不少努力，下了不少工夫。然而，因為交涉不足或錯失時機，結束戰爭的工作不斷失敗，戰爭以無意義的方式持續著。未能下決心「割肉停損」，他們的舉動對現代的我們而言，也是教訓。

據實描繪這些反覆掙扎、拚命求生的人的狀態，以當時人的視角來解讀應仁之亂，本書的這一嘗試在多大程度上成功了，我仍有些擔心，但如果或多或少勾畫出了一個新的「應仁之亂」，那也不是作者我的功勞，而是經覺、尋尊這些偉大的觀察者的功績。此外，我從東京大學史料編纂所高橋敏子擔任幹事的「《經覺私要鈔》讀書會」（筆者於二〇〇七至二〇一五年間參加）的討論中也獲得了很多啟發。藉此機會，對當時的各位參加者表示感謝。

並木光晴請我執筆的時候我還比較閒暇，記得當時輕易答應了要「年內寫完」。此後各種工作擠進來，執筆便推遲了，沒有進展。在此向耐心等待著的諸君致以感謝和歉意。

二〇一六年九月十二日

吳座勇一

年表

年號	西元	將軍	事項
明德三年	一三九二	義滿	閏十月，南北朝統一（明德和約）。
明德五年（應永元年）	一三九四	義持	十二月，足利義滿將將軍之職讓與義持。
應永二年	一三九五		十一月，經覺出生。
應永十五年	一四〇八		五月，義滿去世。
應永十七年	一四一〇		十一月，後龜山法皇逃往吉野。
應永十九年	一四一二		八月，稱光天皇踐祚。
應永三十年	一四二三	義量	三月，足利義持將將軍之職讓與義量。
應永三十二年	一四二五		二月，義量去世。
應永三十三年	一四二六		二月，經覺出任興福寺別當。
應永三十五年（正長元年）	一四二八		正月，足利義持去世。青蓮院義円（後來的足利義教）繼承將軍之位。三月，義円還俗改名義宣。七月，後南朝小倉宮（聖承）逃往伊勢。稱光天皇去世。後花園天皇踐祚。九月，正長德政一揆。十二月，北畠滿雅敗亡。

正長二年（永享元年）	一四二九	義教	三月，義宣將軍宣下，改名義教。七月，興福寺大乘院眾徒豐田中坊與興福寺一乘院眾徒井戶氏對立，引發戰鬥（大和永享之亂開始）。
永享二年	一四三〇		四月，小倉宮回京。八月，尋尊出生。
永享十年	一四三八		八月，經覺觸怒義教，離開興福寺。
永享十一年	一四三九		三月，越智維通敗亡（大和永享之亂結束）。
永享十二年	一四四〇		三月，下總結城氏朝擁戴鎌倉公方足利持氏遺子起兵（結城之戰開始）。
永享十三年（嘉吉元年）	一四四一		正月，畠山持國受義教責罰，其弟持永接任畠山家家督。四月，結城氏朝敗亡（結城之戰結束）。六月，赤松滿祐、教康殺害足利義教（嘉吉之變）。千也茶丸（後來的義勝）繼承將軍之位。八月，畠山持國復任畠山家家督。九月，赤松氏在幕府軍攻擊下滅亡。十一月，經覺復任大乘院門主。
嘉吉二年	一四四二	義勝	十一月，義勝將軍宣下。
嘉吉三年	一四四三		六月，經覺上京拜會義勝。七月，義勝去世。三春（後來的義政）繼任。
文安二年	一四四五		九月，經覺敗於筒井一方，在鬼薗山城縱火，逃往安位寺。
文安三年	一四四六		十二月，三春改名義成。

文安五年	一四四八		十一月，畠山持國收回讓其弟持富繼承的決議，其子義夏（義就）元服，成為繼承人。
文安六年（寶德元年）	一四四九	義政	義成（義政）元服，將軍宣下。
寶德四年（享德元年）	一四五二		九月，斯波義健去世。大野斯波氏當主持種之子義敏繼任。
享德二年	一四五三		六月，義成改名義政。
享德三年	一四五四		四月，畠山持國驅逐侄彌三郎。八月，細川勝元、山名宗全等支援彌三郎，驅逐畠山持國、義夏（義就）。義政承認彌三郎為畠山家家督。九月，義政命細川勝元處死包庇彌三郎的勝元家臣磯谷四郎兵衛。十一月，義政決定討伐宗全。最終在勝元的請求下，減刑為隱居但馬。
長祿二年	一四五八		二月，義政開始實施寺社本所領返還政策。六月，在勝元調解下山名宗全被赦免。十一月，義政任命赤松政則為加賀北半國守護（赤松氏再興）。
長祿三年	一四五九		正月，義政的乳母今參局因義政母日野重子的讒言被流放，在近江自盡。

長祿四年（寬正元年）	一四六〇	九月，義政剝奪畠山義就的家督之位，給予畠山政長。閏九月，義政決定討伐義就。十二月，義就固守河內嶽山城。
寬正二年	一四六一	八月，義政讓斯波松王丸（後來的義寬）出家，以澀川義鏡之子義廉為斯波氏家督。
寬正四年	一四六三	八月，日野重子去世。十一月，重子百日追薦法會。斯波義敏、畠山義就獲得大赦。
寬正五年	一四六四	七月，後土御門天皇踐祚。十二月，義政之弟淨土寺義尋還俗，改名義視。
寬正六年	一四六五	十一月，日野富子生下義尚。
寬正七年（文正元年）	一四六六	七月，義政因伊勢貞親、季瓊真蘂進言，剝奪斯波義廉家督之位，讓斯波義敏擔任斯波氏家督。松王丸還俗。義政因伊勢貞親進言，赦免大內政弘。九月，伊勢貞親試圖排擠足利義視失敗，貞親、真蘂、斯波義敏、赤松政則等被逐出京都（文正政變）。十二月，畠山義就受山名宗全支持從河內上京。

文正二年（應仁元年）	一四六七	正月，義政罷免畠山政長管領之職，斯波義廉就任管領，義就在京都上御靈社大破政長（御靈之戰）。五月，赤松政則在細川勝元支持下，從山名氏手中奪回舊播磨領地；細川一方（東軍）武田信賢、細川成之攻擊山名一方（西軍）一色義直宅邸（應仁之亂開始）。八月，大內政弘從周防上京，與西軍會師；後花園上皇、後土御門天皇避難將軍御所；義視逃出將軍御所，前往伊勢。
應仁二年	一四六八	三月，東軍足輕大將骨皮道賢在京都稻荷山戰死。八月，一條兼良投靠其子尋尊避難奈良。九月，義視從伊勢回京。義視要求義政排斥日野勝光等。閏十月，朝倉孝景前去越前，義政讓伊勢貞親重回政務。十一月，義視離開將軍御所，加入西軍（西幕府成立）。
應仁三年（文明元年）	一四六九	四月，經覺第四次出任興福寺別當。十一月，成身院光宣去世。
文明二年	一四七〇	七月，大內政弘入侵南山城。
文明三年	一四七一	六月，西軍朝倉孝景叛入東軍。八月，西幕府迎南朝後裔入京。

文明四年	一四七二		一月，西軍山名宗全與東軍細川勝元和談。二月，和談破裂。三月，細川勝元廢除養嗣子勝之。八月，宗全將家督讓與其孫政豐後隱居，朝倉孝景平定越前。
文明五年	一四七三	義尚←	正月，伊勢貞親去世。三月，山名宗全去世。五月，細川勝元去世，嫡子聰明丸（後來的政元）繼任家督。八月，經覺去世。十二月，義尚將軍宣下。
文明六年	一四七四		四月，西軍山名政豐與東軍細川聰明丸（政元）媾和。
文明八年	一四七六		六月，日野勝光去世。九月，義政向西軍大內政弘送去書信，請求協助結束戰爭。十二月，義視向義政表示恭順，義政回信誓言不追究義視之罪。
文明九年	一四七七		九月，畠山義就為討伐畠山政長前去河內。十月，義就平定河內。十一月，西幕府解散，西軍諸將離京去往領國（應仁之亂結束）。
文明十年	一四七八		三月，義政再度實施寺社本所領返還政策。十一月，細川聰明丸元服，改名政元。
文明十二年	一四八〇		五月，義尚剪去髮髻。七月，一條兼良作《樵談治要》獻與義尚。

文明十三年	一四八一		正月，義尚再度剪去髮髻。十月，義政移居長谷聖護院山莊。
文明十四年	一四八二		三月，細川勝元、畠山政長進攻畠山義就。七月，義政將政務移交給義尚，政元與義就停戰、回京。
文明十七年	一四八五		六月，義政出家。十二月，山城國人要求兩畠山撤軍（山城國一揆）。
文明十八年	一四八六		二月，山城國一揆，在宇治平等院指定國中掟法。
文明十九年（長享元年）	一四八七		九月，義尚為討伐六角高賴親征近江。
長享三年（延德元年）	一四八九	←	三月，義尚在近江鉤之陣軍營中去世。四月，義視、義材父子從美濃上京，義政與日野富子同意義材繼任第十代將軍。
延德二年	一四九〇	義稙	正月，義政去世。七月，義材（義稙）將軍宣下。十二月，畠山義就去世。
延德三年	一四九一		正月，義視去世。二月，管領細川勝元收九條政基之子聰明丸（後來的澄元）為養子。八月，義材為討伐六角高賴親征近江。

明應二年	一四九三	←	二月，義材率畠山政長等，為討伐畠山義就之子基家（義豐），出兵河內。四月，細川政元廢除義材，擁立清晃（足利義高＝義澄）（明應政變）。閏四月，細川政元攻畠山政長於河內，政長自殺，政長之子尚慶（尚順）逃亡。六月，義材逃往越中。九月，古巾澄胤侵入南山城（山城國一揆崩潰）。
明應三年	一四九四	義澄	十二月，義高（義澄）將軍宣下。
明應八年	一四九九		正月，畠山義豐與畠山尚順在河內交戰、敗亡，義豐之子義英逃亡。十一月，義尹（義材改名）敗退，投靠周防的大內義興。十二月，細川政元家臣赤澤宗益侵入大和。
文龜四年（永正元年）	一五〇四		九月，攝津守護代藥師寺元一意圖廢除守護細川政元，擁立政元養子澄元；元一被抓獲，自殺；京都爆發土一揆。十月，幕府發佈德政令。十二月，畠山尚順與畠山義英議和。
永正四年	一五〇七	←	六月，細川澄之與藥師寺長忠等謀殺細川政元（永正錯亂），赤澤宗益戰死。八月，細川高國討伐澄之，細川澄元繼承細川政元之位。九月，赤澤宗益養子長經奉澄元之命進攻大和。
永正五年	一五〇八	義稙	五月，尋尊去世。七月，義尹擊破細川澄元入京，復任將軍。
永正八年	一五一一	←	八月，義尹在山城船岡山擊破細川澄元軍。

大河 54

應仁之亂：催生日本戰國時代的大亂

応仁の乱－戦国時代を生んだ大乱

作者——吳座勇一
譯者——康昊
執行長——陳蕙慧
總編輯——郭昕詠
校對——渣渣
行銷企劃總監—陳雅雯
行銷企劃經理—尹子麟
版型設計——汪熙陵
排版——簡單瑛設

國家圖書館出版品預行編目(CIP)資料

應仁之亂：催生日本戰國時代的大亂 / 吳座勇一著；康昊譯．—初版．—新北市：遠足文化，2020.01—（大河；54）譯自：応仁の乱－戦国時代を生んだ大乱
ISBN 978-957-8630-80-2（平裝）
1. 日本史

731.253　　108021973

出版——遠足文化事業股份有限公司
發行——遠足文化事業股份有限公司（讀書共和國出版集團）
地址——231 新北市新店區民權路 108-2 號 9 樓
電話——(02)2218-1417
傳真——(02)2218-0727
E-mail——service@bookrep.com.tw
郵撥帳號——19504465
客服專線——0800-221-029
Facebook——https://www.facebook.com/saikounippon/
網址——http://www.bookrep.com.tw
法律顧問——華洋法律事務所 蘇文生律師
印製——呈靖彩藝有限公司

初版一刷 西元 2020 年 01 月
初版二刷 西元 2024 年 03 月
Printed in Taiwan